폴 크루그먼 Paul Krugman

뉴욕시립대학교 대학원 교수. 2008년 노벨 경제학상을 수상했다. 예일대학교에서 학사학위, MIT에서 박사학위를 취득했다. 1982~1983년 미국 대통령 경제자문위원회(CEA) 위원으로 활동했다. 주요 연구 분야는 국제 무역이며 수확 체증과 불완전 경쟁에 초점을 둔 '새로운 무역 이론'의 창시자 중 한 명이다. 주요 저서로 《불황의 경제학》《폴 크루그먼의 지리경제학》《폴 크루그먼의 경제학의 향연》 등이 있다.

토머스 프리드먼 Thomas Friedman

퓰리처상을 세 차례 수상한 저명한 언론인 및 작가. 1989년 미국 국무부 및 외교 문제 담당 기자, 클린턴 정부의 백악관 담당 수석 기자를 역임하고 1995년부터 〈뉴욕 타임스〉의 외교 칼럼니스트로 활동하고 있다. 주요 저서로 《렉서스와 올리브 나무》《세계는 평평하다》《늦어서 고마워》 등이 있다.

데이비드 그레이버 David Graeber

영국 런던정치경제대학교(LSE) 문화인류학과 교수. 아나키스트 활동가로도 알려져 있다. '우리는 99%다(We are the 99percent)'라는 슬로건을 만든 월가 점거 운동의 이론적 지도자로 유명하다. 주요 저서로는 《아나키스트 인류학의 조각들》《부채 그 첫 5,000년》《관료제 유토피아》 등이 있다.

토마스 세들라체크 Tomáš Sedláček

체코공화국 경제학자. 체코공화국이 운영하는 최대 국립 상업은행의 하나인 CSOB의 수석 거시경제 전략가로 활동했다. 독일어권에서 가장 오래된 대학으로 불리는 프라하 카렐대학교에 재학 중이던 24살의 나이에 체코의 초대 대통령 바츨라프 하벨(Vaclav Havel)의 경제 고문으로 선정되어 주목받았다. 2006년 예일대학의 〈예일 이코노믹 리뷰〉에서 가장 촉망받는 경제학자 5명 중 한 명으로 선정되었다. 주요 저서로 《선악의 경제학》이 있다.

타일러 코웬 Tyler Cowen

미국 버지니아주 조지메이슨대학교 경제학부 교수. 영국 잡지 〈이코노미스트〉가 한 설문 조사에서 '최근 10년 동안 가장 영향력 있는 경제학자' 중 한 명으로 꼽혔다. 격월간 외교 전문 잡지인 〈포린 폴리시〉는 '세계 100대 사상가'로 선정하기도 했다. 주요 저서로 《거대한 침체》《4차 산업혁명, 강력한 인간의 시대》 등이 있다.

(뒷 면지에 계속)

가게된 문기림

일러두기
본서는 이 책의 편저자인 오노 가즈모토의 인터뷰를 바탕으로 집필된 원서의 형식을 따랐습니다.
단, 198쪽부터 시작되는 최배근 교수의 원고 〈Special Chapter: 근대 산업 문명과 경제체제의
종언을 마주하다〉는 한국어판 단행본에 특별히 추가된 원고로 원서 편저자의 인터뷰와는 무관함
을 밝힙니다.

8인의 석학이 예측한
자본주의와 경제의 미래

PAUL KRUGMAN
THOMAS FRIEDMAN
CHOI, PAE KUN
DAVID GRAEBER

거대한 붕기점

TOMAS SEDLACEK
TYLER COWEN
RUTGER BREGMAN
VIKTOR MAYER
SCHONBERGER

폴 크루그먼, 토마스 프리드먼, 최배근 외 5인 지음 · 오노 가즈모토 엮음 · 최예은 옮김

폴 크루그먼
토머스 프리드먼
최배근
데이비드 그레이버
토마스 세들라체크
타일러 코웬
뤼트허르 브레흐만
빅토어 마이어 쇤베르거

한스미디어

'미완'의 미래를 찾아서

《거대한 분기점》은 세계에서 가장 영향력 있다고 인정받은 경제학의 권위자, 저서가 그 분야의 효시가 되어 전 세계에 파문을 일으킨 촉망받는 신진 학자와 저널리스트, 자기 분야에서 이름을 떨치는 유명 저술가 등이 자본주의의 미래, 특히 테크놀로지가 변화시킬 경제 모습을 전망한 논설집이다.

자본주의는 그보다 훨씬 뛰어난 시스템을 아직 찾지 못했다는 점에서 '최악의 시스템 중 최선의 시스템'으로 불린다. 포스트 자본주의라는 말에 노골적으로 드러난 것처럼 자본주의의 종언은 피할 수 없는 상황이라고 말하는 학자와 언론인도 적지 않다. 하지만 현재로서는 자본주의의 종언이 아니라 '자본주의의 수정이 불가피하다'고 말하는 편이 훨씬 정확할 것이다.

기술 혁신 이론으로 유명한 경제학자 조지프 슘페터(Joseph Schumpeter)는 "자본주의의 단점은 스스로 비판받기를 원하는 것”이라고 말했다. 자본주의는 비판조차 겸허히 받아들이며 자기 변화를 이끌어가는 아직 완성되지 않은 시스템이다.

최근 들어 자본주의의 변화를 촉진하는 요인의 하나가 테크놀로지의 눈부신 발전이다. 테크놀로지의 지수 함수적인 발달은 노동의 본모습이나 경제 구조를 크게 바꾸었다. 그뿐 아니라 빈부격차를 축소하기는커녕 갈수록 확대해나가는 것처럼 보인다. ‘AI가 인간의 일자리를 빼앗을 것’이라는 위협론은 오래전부터 제기되었지만, 결국 테크놀로지의 진화로 경제는 어떻게 달라졌는가. 그리고 변하지 않은 것은 무엇인가.

나아가 이러한 시간 축의 변화에서 지정학적 변화로 관점을 옮기면, 그곳에는 테크놀로지 대국으로 등장한 중국이 있다. 독재적인 정치 체제 아래에서 시장 경제를 추진하는 중국은 과연 자본주의의 도전자인가. 격화되는 미·중 대립의 영향, 그리고 이로 인한 우리의 미래는 어떻게 될 것인가.

‘자본주의의 종언’이라고 하지만, 자본주의는 미완성이므로 더 나은 모습으로 ‘진화’할 가능성도 있지 않을까. 이러한 문제의식을 전제로 나는 미국으로 건너가 뉴욕, 워싱턴DC, 버지니아주 알링턴, 로스앤젤레스로 부지런히 발걸음을 옮겼다. 이어서 런던, 네덜란드의 암스테르담, 오스트리아의 잘츠부르크를 방문했다.

세계적인 거장이 전망하는 테크놀로지와 경제의 미래

뉴욕에서 만난 폴 크루그먼은 2008년 노벨 경제학상을 수상한 세계에서 가장 영향력 있는 경제학자 중 한 명이다. 그는 "AI의 진화로 대량 실업이 발생하는 것은 아직 먼 미래의 일"이라고 낙관적으로 말했다. 현재의 생산성 수치를 근거로 AI가 인간의 일자리를 빼앗는 일은 불가능하다고 단언했다. 격차가 확대되는 것은 정치 문제라며 다른 경제학자의 주장을 일축한 것이다.

토머스 프리드먼은 퓰리처상을 3번이나 받은 세계에서 가장 저명한 언론인이자 칼럼니스트다. 《렉서스와 올리브나무》를 통해 전 세계에서 지식인으로 확고한 지위를 얻었다. 그는 가속화하는 시대에 살아남으려면 '평생 학습자'로서의 능력이 가장 중요하다고 주장했다.

문화인류학자인 데이비드 그레이버와의 인터뷰는 런던에서 했다. 그레이버는 사회 운동가라는 또 다른 얼굴을 지니고 있는데, 2012년 3월 월가를 점령한 '월가 점거 운동(Occupy wallstreet)'의 이론적 지도자로 알려져 있다. 그가 세계적으로 유명해진 계기는 〈스트라이크(STRIKE!)〉라는 잡지에 게재한 〈Bullshit Jobs〉라는 에세이 덕분이다. 특별한 생각 없이 썼던

에세이가 발표한 지 2주 만에 13개 국어로 번역되어 전 세계에 커다란 반향을 일으켰다. 많은 월급을 받으면서도 정작 일하는 본인 스스로 쓸모없는 일을 한다고 생각하는 사람이 얼마나 많은가.

체코공화국의 젊은 경제학자 토마스 세들라체크는 프라하에서 취재할 예정이었으나 우연히 로스앤젤레스에서 만나 인터뷰를 진행하게 되었다. 그는 자본주의를 정신분석학적 접근법으로 분석하고, 경제학을 인간의 본질에서 찾는 참신한 시각을 제시해 전 세계의 화제가 되었다. 금융 위기가 터지기 전에는 "경제학자들이 저를 창문으로 내던지려고 했습니다"라고 말하는 것을 보면, 얼마나 그가 이질적인 시각을 가졌는지 알 수 있다.

경제학자 타일러 코웬과는 알링턴에 위치한 그의 사무실에서 인터뷰했다. 코웬은 경제 위기 이후 경제 논쟁의 초점을 바꿨다고 평가받는 《거대한 침체》, 중산층의 몰락 원인을 분석한 《The Complacent Class》 등의 저서를 발표했는데, 중산층의 몰락 원인을 '고독'이라고 주장했다.

뤼트허르 브레흐만과는 암스테르담의 '드 코레스폰던트(De Correspondent)' 사무실 앞을 흐르는 암스텔강 강변에서 인터뷰했다. 그를 일약 세계적인 유명 인사로 만든 책은 모국 네덜란드를 위해 쓴 《리얼리스트를 위한 유토피아 플랜》이다. 그는 '인생의 의미'를 고려하면 기본 소득이 가장 중요한 요인이라고 주장했다.

마지막으로 등장하는 옥스퍼드대학의 빅토어 마이어 쇤베르거 교수와는 경치가 매우 아름다운 잘츠부르크 산속 호숫가에 있는 그의 여름 별장에서 인터뷰했다. 빅데이터 분야의 세계적 권위자인 쇤베르거는 "현대 시대는 금융 자본주의에서 데이터 중심 시장으로 이행하는 과도기"라고 말했다. 그는 '데이터 납세'라는 참신한 주장을 펼치는데 빅데이터의 일인자다운 생각이다.

●

우리가 고대하는 미래는 유토피아인가, 디스토피아인가

탁월한 안목을 지닌 7명의 이야기에 귀를 기울이다 보면, 어떤 미래가 찾아올지 사람마다 서로 다른 미래의 모습을 떠올릴 것이다. AI가 인간의 '힘든 일'을 대체하고 누구나 좋아하는 일만 하면 되는 미래가 올 것인가, 아니면 그런 미래는 'SF 영화 속의 꿈같은 이야기'일 뿐이며, 기술 혁신을 꾸준히 따라가는 자만이 살아남을 것인가. 첨단기술의 변화로 세계는 점점 '멋진 신세계'

가 될 것인가, 아니면 기술의 진보에도 불구하고 사람들이 느끼는 행복감은 더 낮아질 것인가….

테크놀로지가 변화시키는 자본주의라는 괴물은 지금도 미완성인 채로 계속 성장하고 있다. 그것을 보다 완성된 형태로 수정하기 위한 해답은 이 책에 등장한 인물 모두 다르다. 하지만 그들이 주장하는 핵심을 정확히 이해하는 일이야말로 자본주의의 미래를 구체적으로 생각해보는 계기가 될 것이다. 이 책을 통해 세계적인 지성인들의 이야기를 듣고 독자 개개인이 작은 무엇이라도 발견할 수 있는 계기가 되기를 바란다.

오노 가즈모토

Contents

Chapter 1

폴 크루그먼

우리는 중대한 분기점 앞에 서 있다

Special Chapter

최배근

근대 산업 문명과 경제 체제의 종언을 마주하다

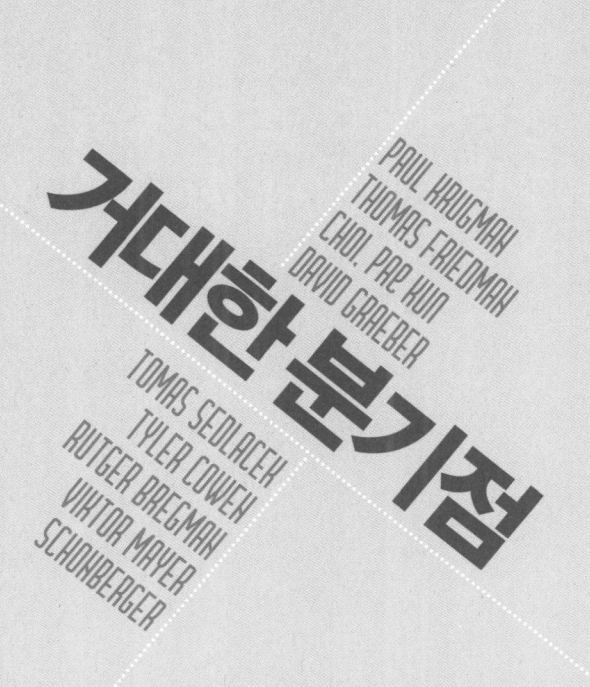

거대한 분기점

PAUL KRUGMAN
THOMAS FRIEDMAN
CHOI, PAE KUN
DAVID GRAEBER

TOMAS SEDLACEK
TYLER COWEN
RUTGER BREGMAN
VIKTOR MAYER
SCHONBERGER

Chapter 1

우리는 중대한
분기점 앞에 서 있다

'AI 실업'이라는 속임수보다 본질을 파악하라

지금 우리는 두 갈래로 나뉘는 분기점 앞에 서 있습니다. 한쪽은 과두 정치의 길입니다. 다시 말해 적은 수의 부유층이 거대한 부를 공유하는 상태로 향합니다. 만약 부의 극단적인 집중이 민주주의와 대립한다면 후퇴하는 것은 민주주의일지 모릅니다.

한편에서는 이러한 불균형을 해소하려고 해결 방안도 강구하겠지요. 저는 1960년대에서 1970년대에 걸쳐 중산층에서 자랐습니다. 당시 중산층은 1930년대, 1940년대의 정치 활동으로 생겨난 부산물입니다. 미국뿐 아니라 많은 부유한 나라에서도 그럴 것입니다. 이것이 또 다른 한쪽 길입니다.

Paul Krugman

폴 크루그먼

폴 크루그먼

뉴욕시립대학교 대학원 교수. 2008년 노벨 경제학상을 수상했다. 예일대학교에서 학사학위, MIT에서 박사학위를 취득했다. 예일대학, 스탠퍼드대학, MIT 강사를 거쳐 프린스턴대학 경제학부 교수를 역임하고, 2015년부터 현직에 재임하고 있다. 1982~1983년 미국 대통령 경제자문위원회(CEA) 위원으로 활동했다. 주요 연구 분야는 국제 무역이며 수확 체증과 불완전 경쟁에 초점을 둔 '새로운 무역 이론'의 창시자 중 한 명이다. 국제 금융, 특히 통화 위기 문제를 집중적으로 연구하고 있다. 1991년 미국 경제학회 '존 베이츠 클라크 메달'을 수상했다. 국내에 다수의 번역서가 있다.

폴 크루그먼이 노벨 경제학상을 수상한 해는 2008년이다. 나는 당시 시상식을 마치고 미국으로 귀국한 폴 크루그먼의 맨해튼 아파트에서 인터뷰했다.

그 뒤로도 그와는 셀 수 없을 만큼 많은 인터뷰를 했다. 이전부터 그는 금융 완화와 인플레 타깃을 주장하는 '리플레파'로 알려져왔는데, 최근에는 아베노믹스의 이론적 지주로도 유명하다. 2016년 일본을 방문했을 때는 아베 신조(安倍晋三) 총리와 의견을 교환하기도 했다.

●

크루그먼에게는 매번 일본 경제 상황을 물어보는데, 이번 인터뷰에서 테크놀로지와 자본주의에 관한 이야기를 나누었다.

다른 논객과 비교하면 그는 AI에 지극히 낙관적으로, "AI에 일자리를 빼앗긴다는 주장은 기우"라고 말했다. "AI가 우리를 죽인다는 것은 어설픈 SF 영화 속의 세계"라고 주장하는 장면에서는 SF 광팬인 그의 본모습이 고스란히 드러난다.

그러나 어떤 요인이든 격차가 확대되는 것은 세계적인 현상으로, 그것을 해결하기 위한 정책을 구체적으로 이야기했다.

격차에 관해서는 경제학이 아니라 정치의 문제라며 "우리는 지금 두 갈래로 나뉘는 분기점에 서 있다. 소수의 부유층이 부를 거머쥔 극단적인 엘리트 사회인가, 부유한 중산층이 있는 사회인가. 하지만 후자는 자연 발생적으로 생성되는 게 아니라 우리 스스로 쟁취하는 것이다"라며 위기감을 드러냈다.

위기감의 배경으로 시장을 독과점하는 GAFA 등의 거대한 IT 기업이나 트럼프 미국 대통령의 존재를 떠올리는 사람은 나만이 아닐 것이다.

현재 일본 경제는 순탄한데 인플레율 2% 향상이라는 목표를 달성하지 못하는 것은 이해하기 어렵다며 고개를 갸우뚱했다. 하지만 이번에는 '기업이 임금을 충분히 올리지 않는 것'과 '상품 가격을 올리고 싶어 하지 않는 것'이 원인이라고 지적했다.

그는 테크놀로지, 자본주의, 민주주의, 미·중 무역 전쟁, 경제학의 역할을 기탄없이 이야기해주었다. 그와의 최신 인터뷰를 소개한다.

AI로 인한 대량 실업은 당분간 발생하지 않는다

테크놀로지가 더욱더 진화하면 머지않아 기계가 인간에게서 노동을 빼앗을지 모른다…. 이러한 위협론은 어떻게 보십니까.

AI는 과장된 부분이 많다고 생각합니다. 테크놀로지의 변화로 배제되는 사람은 항상 있지만, AI로 인해 대량 실업이 발생하는 시대는 아직 먼 미래의 일입니다.

한 번 기계에 인간의 일을 빼앗기면 결국 모든 일을 빼앗기지 않을까 하는 공포심은 어느 시대에나 있었습니다. 하지만 역사적으로 보면 일의 대사는 언제나 일어나는 것입니다. 미국에서는 과거에 국민 대부분이 농업인이었지만, 지금은 효율적으로 농사를 짓다 보니 농업인은 수백만으로 줄어들었습니다. 대신 다른 일이 생겨났지요.

테크놀로지가 자본주의를 위협한다는 강한 편견과 더불어 노동력 사용에 반한다고 주장하는데, 그렇다면 임금이 낮은 일자리만 있는 게 나을까요? 그렇지는 않잖아요.

AI가 모든 일자리를 빼앗는다는 말은 현실 상황과 괴리되어 있습니다. 로봇의 생산성은 여전히 낮습니다. 인간처럼 사고할 수 있는 AI나 기계가 출현한다고 해도 그래서 어떻게 된다는 것일까요. AI가 우리 모두를 죽일까요. 현시점에서 화제가 되는 AI 이야기는 어설픈 SF 영화 같은 부류입니다. 지금은 전혀 그런 징후가 보이지 않습니다.

어느 분야에 AI가 필요한가 하면 대부분 헬스케어입니다. 일대일로 얼굴을 마주하는 개인 서비스에서죠. 반드시 교육 레벨이 높고 지적인 면에서 성취도가 높은 사람을 위한 업무는 아니지만, 지금으로서는 아직 AI가 대체할 만한 비전은 없습니다.

'AI로 인한 대량 실업'이 거론되는 배경은 세계적으로 진행되는 격차 문제 때문일 겁니다. 경제 격차를 해결할 정책이 있을까요.

2가지 정책을 생각할 수 있습니다.

(1) 하나는 '선분배'입니다. 실제로 지급되는 임금을 바꾸는 일입니다. 노동조합을 만들어 최저임금을 보장하는 거죠. 그 일을 해서 얻은 임금을 정당한 것으로 만드는 작업입니다. 노동자의 교섭력이 한정된다고 하더라도 역사적으로 보면 그것은 제대로 움직입니다.

미국의 노동조합은 최소한의 활동밖에 하지 않지만, 서비스업 대부분은 집단 교섭을 통해 임금을 올릴 수 있습니다. 현재 개인

돌봄 서비스 업계의 노동자가 부족한데 임금을 올리면 해소될 겁니다. 그렇게 사람들을 모으고 중산층의 일자리를 창출해내야 합니다. 개인 돌봄 서비스업만으로 중산층의 일을 모두 만들어내기는 부족할지 모르겠습니다만.

●

이미 축적한 부를 어떻게 쓰느냐가 문제다

(2) 다음은 '재분배'로 세금과 자본 이전을 의미합니다. 덧붙여 최근 AI의 보급으로 일자리를 잃은 사람에게 보편적 기본 소득(Universal Basic Income: 현금이나 소득이 일정 수준에 도달하지 않은 사람에게 세금을 환원하는 부의 소득세라고 불리는 구조를 만들어 전 국민을 사회적으로 보장)을 지원하자는 논의가 있습니다.

하지만 미국에서 누구나 생활에 부족하지 않을 만큼의 보편적 기본 소득을 제공하려면 막대한 비용을 투입해야 할 겁니다. 개개인의 상황에 맞춰 추가 급여를 제공하는 방법, 다시 말해 정말로 필요한 사람에게만 지원해야 훨씬 효율적입니다.

그래서 저는 보편적 기본 소득에 반대합니다. 막대한 비용을 투입해야 하기 때문입니다. 만약 AI 보급으로 대량 실업자가 발생한다면 그때 재고해도 될 것으로 판단합니다. 지금 그런 문제는 일어나지 않았습니다.

현재 일손이 가장 부족한 곳은 헬스케어와 개인 돌봄 서비스 분야입니다. 이 분야는 AI로 대체할 만한 수준에 이르지 못했습니다. 로봇 간호사는 아직 등장하지 않았지요. 일본은 현장에 텔레프레젠스(Telepresence: 원격 조작) 도입 실험을 하고 있지만 큰 영향력을 갖추려면 멀었습니다.

보편적 기본 소득은 극단적인 형태지만, 모든 사람에게 헬스케어를 제공하거나 그 외에 할 수 있는 일은 아주 많습니다. 현재 미국은 전 국민 의료 보험 제도 실현에 그 어느 때보다 근접해 있는데 이것도 재분배의 하나입니다.

누가 그 비용을 부담하는가 하면 기본적으로 고임금자가 제도를 지탱하는 세금 대부분을 냅니다. 아이들에게 필요한 조성금을 지원하거나 곤경에 처한 사람의 수입을 지원하는 등 다양한 급여 방식을 고려할 수 있습니다. 결과적으로 그런 급여가 기초적인 소득을 보증해줄지 모릅니다.

분배하기 위한 부는 이미 충분합니다.

세금을 모아서 국민에게 제대로 된 생활 수준을 보장하는 데 쓰기만 하면 됩니다. 이 문제는 경제가 아니라 정치적인 문제라고 할 수 있습니다.

우리는 두 갈래로 나뉘는 분기점 앞에 서 있다

부의 집중을 막아야 한다는 말씀이시죠.

그렇습니다. 부의 극단적인 집중을 피해야 합니다. 사회적으로나 정치적으로나 부정적인 영향을 주니까요. 사회안전망을 제대로 갖추고 모든 사람의 기초 수입을 보장하는 일이 중요합니다. 일부 비용은 부유층의 세금으로 충당할 수 있습니다.

현재 미국 실업 보험의 지원은 전 직장의 급여 30%에 해당하는 금액을 반년 동안 지급하는 매우 한정된 금액뿐입니다. 이 돈만으로 살아가기는 어렵고 다른 사람과 격차는 더 벌어지겠지요. 몇 번이나 강조하지만, 실업률이 높아지는 원인이 AI에 일을 빼앗긴 탓이라는 것은 오해입니다. 현실에서 그런 일은 일어나지 않았습니다.

지금 우리는 두 갈래로 나뉘는 분기점 앞에 서 있습니다. 한쪽은 과두 정치의 길입니다. 다시 말해 적은 수의 부유층이 거대한 부를 공유하는 상태로 향합니다. 그들은 정치를 교묘하게 지배하고 있습니다. 만약 부의 극단적인 집중이 민주주의와 대립한다면, 후퇴하는 것은 민주주의일지 모릅니다. 그러면 극단적인 엘리트 사회가 될 우려가 있지요.

한편에서는 이러한 불균형을 해소하려고 해결 방안도 강구하겠지요. 저는 1960년대에서 1970년대에 걸쳐 중산층에서 자랐습니다. 이 중산층은 저절로 생겨난 게 아닙니다. 당시 중산층은 1930년대, 1940년대의 정치 활동으로 생겨난 부산물입니다. 미국뿐 아니라 많은 부유한 나라에서도 그러할 것입니다. 이것이 또 다른 한쪽 길입니다. 우리는 이 길로 나갈 수도 있습니다. 다만 미래는 매우 막막한 상황이지요.

자본주의가 막다른 골목에 봉착했다는 소리도 들립니다.

아닙니다. 자본주의를 대체할 시스템은 없습니다. 과거에 사회주의적인 중앙 통제형 경제 체계가 시도된 적은 있지만 제대로 기능하지 않았습니다.

그뿐 아니라 우리는 중앙집권이 아닌 다른 시스템을 원했습니다. 그것은 어떻게 작용하는가, 다른 사람이 원하는 것을 생산한 사람에게는 어떤 인센티브를 줄 것인가…. 결국 '가격'이나 '사유재산' '소유권' 같은 것 없이는 시스템을 운영하기 어려웠습니다.

자본주의는 일시적으로 채택된 시스템이 아닙니다. 현대 사회는 대부분 자본주의를 전제로 움직입니다. 그중에서도 최선의 시스템이라고 부를 만한 체계가 선진국들이 도입하고 있는 복지 자본주의입니다. 자본주의의 조잡함을 더욱 세련되게 만든 구조라고나 할까요. 자본주의처럼 이윤 동기, 자기 이익, 시장 같은 요소에 근거하지만, 규제와 세금, 국가의 급여금 제도를 통해 자본주의의 엄격함을 완화하는 시스템입니다.

많은 국가가 자본주의와 사회주의를 결합한 시스템을 채택하고 있고 영국이나 일본 등에서는 정부가 국민에게 직접 사회 보장을 제공합니다. 자본주의는 복지만 놓고 보면 제대로 기능하지 않으니까요. 협동조합이나 비영리 단체 등의 활동도 한정되어 있어 역시 기본은 자본주의입니다.

보편적 기본 소득 역시 복지자본주의를 근거로 한 제도입니다. 전 국민은 납세 의무가 있고 납세액의 많고 적음에 따라 급여금을 지원하는 시스템에 가까우므로 지금의 복지자본주의와 매우 유사한 형태입니다. 재분배를 적용한 자본주의라는 의미죠. 물론 이 시스템은 오래전부터 선진국에서 적용해온 제도입니다.

국민에게 30~50%의 소득세를 부과하고 축적한 세금을 다양한 용도에 충당하는 이 시스템은 다름 아닌 자본주의입니다. 때로는 국방비가 될 수도 있지만, 대부분은 교육과 연금, 국민 보험에 쓰죠. 덴마크에서는 GDP의 약 절반이 넘는 금액을 세금으로 걷고 있지만, 그래도 국가의 기본 시스템은 자본주의입니다.

자본주의는 결국 이윤 최대화와 자기 이익을 추구하는 것으로 어느 나라든 마찬가지입니다. 단지 자본주의로 파생하는 경제적 불평등을 어디까지 보완할 수 있느냐 하는 정도가 국가마다 다를 뿐입니다. 이것은 경제라기보다 정치 이야기가 되겠군요.

●

일본 경제의 최대 문제는 인구 감소

AI나 IoT 등 '4차 산업혁명'으로 불리는 분야에서 일본 기업의 존재감은 매우 희미합니다. 왜 일본 기업에서는 기술 혁신이 탄생하지 않을까요.

AI나 IoT를 어디서 개발하는지는 그다지 중요한 문제가 아닙니다. 테크놀로지 자체보다 어떻게 이용하는지가 훨씬 중요합니다. 경제 성장은 테크놀로지를 개발하는 것보다 응용하는 것이 이끕니다. 그렇다면 일본은 테크놀로지 응용 면에서 뒤처져 있다? 그렇게 딱 잘라 말할 수는 없습니다. 실리콘밸리로 대표되는 미국의 테크놀로지 개발은 이야깃거리가 풍부해 눈에 띄지만, 생산성 수치를 보면 그렇게까지 성과를 내고 있지 않습니다.

일본은 아직 캐시리스 사회에 대응하지 못한다고 알려졌는데요.

일본이 여전히 현금 사용을 선호하는 이유는 문화적인 영향이 클 겁니다. 테크놀로지의 응용은 나라마다 사정이 달라서 특정한 분야에서 발생하는 경향이 있습니다. 여러 북유럽 국가에서 정착한 캐시리스(Cashless)나 기술 혁신이 왜 그렇게까지 진행되었는가. 창조력 측면에서 무엇인가 우리와 다른 유리함이 있는가. 그것은 확실하지 않습니다. 겨울이 길고 어두운 밤이 계속되어서 사람들은 전자 기기(Gadget)만 만지작거리는지 모르죠.

일본의 여러 측면을 살펴봐도 인구 감소 외에 예외적인 문제가 있어 보이지는 않습니다.

아베 정권의 대규모 금융 완화를 중심으로 한 '아베노믹스' 정책에는 크루그먼 교수님의 존재가 큰 영향을 끼쳤습니다. 일본 경제는 현재 일손 부족이 심각할 만큼 실업률이 감소했지만, 인플레율 2% 달성 목표는 이루지 못했습니다. 금융 완화 정책 이후의 일본 경제를 어떻게 평가하십니까.

일본은 실업률이 매우 낮고, 다른 몇 가지 척도를 보더라도 미국을 비롯한 G7 어느 나라보다 경기가 좋습니다. 그런 만큼 지금의 낮은 인플레이션 수치는 이해하기 어렵지요. 일본에서는 장기간 디플레이션이 계속되었지만, 아무도 임금이나 물가를 올리려 하지 않았습니다. 참 기묘한 현상입니다.

일본이 '완전 고용' 상태인 것은 사실입니다. 하지만 그것은 마이너스 금리 덕분에 간신히 유지되고 있죠. 무언가 나쁜 일이 생기면 대응할 여지가 없습니다. 인플레율을 높여야 하는 이유입니다. 인플레이션 목표를 달성할 때까지 경기 확대 정책을 계속 시행해야 합니다.

일본은행의 정책이 잘못된 것은 아니지만 초기에 몇 가지 실책을 범하고 말았습니다. 특히 2014년 4월 소비세 증세는 잘못되었습니다.

지금 상황은 '페달 투 더 메달(Pedal to the medal: 거침없이 액셀을 밟아 속도를 높여 전력으로 나아가는 정책)' 이외의 선택지는 없습니다. 긴축 정책을 적극적으로 펼쳐서는 안 됩니다. 다행히 구로다 하루히코(黑田東彦) 일본은행 총재가 금융 정책을 정상화하고 싶다는 유혹에 빠지지 않아 안심입니다.

디플레이션에 익숙한 일본 소비자들이 돈 쓰는 일을 꺼리는 것 같습니다만.

그렇지 않다고 생각합니다. 일본은 완전 고용 상태지만 기업이 임금을 충분히 올리지 않는 것, 상품 가격을 올리고 싶어 하지 않는 게 문제입니다. 논란의 여지가 있을지 모르지만, 일본은 2%의 인플레율보다 더 높은 목표치가 필요한 국가입니다. 그런데 여전히 2%조차 달성하지 못하고 있지요.

아베 총리가 2014년 소비세 증세를 결단하자마자 경기가 침체되었습니다. 앞으로 추가 증세가 필요한 것은 사실이고, 그렇다면 실업률이 낮은 2019년이야말로 최고의 타이밍일지 모릅니다. 여전히 인플레율이 낮아서 저는 증세에 반대합니다. 예전보다 일본 경제가 탄탄하니 어떻게든 헤쳐나가겠지만, 그래도 조금 염려가 됩니다.

요즘 세계 경제는 하락 추세입니다. 다음 소비세 증세의 타이밍이 경제 환경 전체가 악화된 상태에서 이뤄지면 어떻게 될까요? 지난 증세 때와 마찬가지로 경기 침체가 다시 반복될 가능성이 있습니다. 정말로 경기 회복을 방해할지 모릅니다.

제가 만약 아베 총리를 만난다면 인플레율이 2%가 될 때까지 기다리라고 조언할 겁니다. 증세에 반대해서가 아니라 경기가 좋아질 때까지 기다리는 게 안전해서입니다.

●

노동 인구 감소 문제를 어떻게 해결할 것인가

일본은 최근 20년 동안 선진국 중 생산성이 늘지 않은 거의 유일한 국가입니다. 디플레이션 때문일까요. 아니면 생산 인구의 감소, 디지털 분야에서 일본이 뒤처지는 상황 같은 구조적인 요인 때문일까요.

어느 시기를 가리켜 일본의 생산성이 낮다는 말씀일까요. 일본의 생산성은 더할 나위 없이 좋습니다. 과거 25년 동안의 경제적 성과(Economic performance)를 보면 취업자 1명당 노동 생산성 상승률은 미국과 대등할 정도입니다. 잃어버린 몇십 년이란 아주 오래전 일이겠지요.

2011~2017년 1인당 실질 노동 생산성 상승률을 보면 미국과 영국은 0.7%, 일본은 0.6%입니다. 프랑스(0.5%), 독일(0.5%)보다 높죠(연평균율, OECD·IBRD 데이터를 기초로 작성한 일본생산성본부 조사 인용).

일본은 인구 동태에 큰 문제가 있습니다. 출생률이 낮고 고령화가 선진국 중 가장 빨리 진행되는 나라죠. 생산 인구가 매년 1% 이상 줄어들고 있습니다. 이는 경제 성장 침체와 직결됩니다. 더구나 일본은 이민을 배척하고 있습니다. 문제는 테크놀로지의 역동성 결여 같은 게 아니라는 점을 알아야 합니다.

2018년 12월 국회에서 아베 정권은 이민법(개정 출입국관리법)을 통과시켰습니다. 생산 인구 감소를 보전하도록 향후 5년 동안 최대 약 35만 명의 외국인 노동자를 받아들일 예정입니다. 매년 7~8만 명 규모지요.

노동 인구 감소는 대부분 국가가 안고 있는 문제입니다. 현재의 경제 시스템에서는 은퇴한 또는 퇴직한 사람을 생산 연령층이 지탱하는 대규모 사회 보장 제도를 운영하고 있습니다. 출생률이 급감하면 제도에 문제가 생깁니다. 이에 대처하는 방법의 하나가 이민자를 받아들이는 것인데, 그러면 문화적인 문제가 발생합니다. 일본 사회가 과연 거대한 규모의 이민자를 받아들일 준비가 되어 있는가 하는 점이지요.

　5년 전이라면 미국의 커다란 장점 중 하나는 이민에 관대한 것이며 일본은 그렇지 않다고 말했겠지요. 그러나 지금의 저로서는 그렇게 단언할 수 없습니다. 미국은 우리가 적어도 제가 생각하던 나라가 아니고, 우리에게도 독자적인 편견이 있다는 사실을 깨달았기 때문입니다. 이는 인간의 본성으로 조금 보편적인 것일지 모릅니다.

그렇더라도 일본은 무척 극단적입니다. 일본은 민족이나 인종에 상관없이 일본에서 태어난 사람을 일본인이라고 정한 적은 한 번도 없습니다. 미국 같은 속지주의처럼요. 혈통주의인 일본에서는 민족성과 문화를 중시합니다. 민족적으로 일본인이며 외국 문화에 너무 물들지 않을 것, 이 두 조건을 갖추지 않으면 일본인으로 인정받을 수 없지요.

이러한 사고방식이 이민을 수용하는 데 하나의 장벽으로 작용할 것입니다. 어떤 사람을 자국민으로 볼 것인가 하는 기준은 나라마다 차이가 있지만…, 일본은 극단적인 사례입니다. 경제적 필요성이 계기가 되어 일본도 이민 수용에 관용적으로 변할지 모르겠습니다만.

이민 정책이 경제 성장에 조금은 도움이 되겠지만, 무엇보다 좋은 영향을 끼칠 것으로 예상하는 분야는 국가 재정입니다. 사회가 고령화될수록 세금을 낼 노동력을 갖춘 젊은 층의 이민을 받아들여야 합니다. 세대 간의 세금 이전 시스템을 뒷받침한다는 점에서 젊은 이민자를 늘리는 게 이상적이죠.

일본의 경제 성장을 기대 수준까지 끌어올리려면 이민자가 많이 필요합니다. 매년 1%씩 생산 인구가 감소하는 상황에서 매년 1%의 이민자를 받아들일 준비가 되어 있느냐, 그것이 문제죠. 미국조차 앞으로 그 정도의 이민을 받아들일지 확실치 않습니다. 도널드 트럼프 정권 이전에도 이처럼 대규모의 이민 수용을 검토한 적은 없습니다.

많은 일본인이 유럽에서 발생하는 현상을 우려하고 있습니다. 유럽 각국에서 늘어나는 이민 배척 운동을 어떻게 보십니까.

자신과 문화적으로 다르고 외모가 다른 존재를 마주하면 사람은 누구라도 동요합니다. 그 정도는 나라나 지역에 따라 다양하게 나타나지만, 이민 수용을 골치 아프다고 싫어하는 유권자는 어느 곳에나 있습니다. 특히 가난한 나라에서 오는 이민자를 기피합니다. 하지만 이민은 대개 가난한 나라에서 오지요. 대부분 단순한 편견에 불과하지만, 그 편견이 이민에 악영향을 끼치는 요소입니다.

미국은 재미있게도 이민을 적대시하는 모습이 지역마다 다릅니다. 지방에서는 이민에 적의를 크게 드러내지만, 뉴욕에서는 거의 볼 수 없습니다. 중앙아메리카 지역에서 온 이민자를 만나본 적이 없는 사람은 이민을 큰 위협으로 간주하지만, 3분의 1이 이민자인 뉴욕 중심부에 사는 사람은 이민을 크게 문제 삼지 않습니다. 지금까지 일본은 그다지 이민자를 받아본 경험이 없는 나라입니다. 그래서 일본인들은 이민자에 큰 두려움을 느끼겠지요.

●

무역 전쟁의 승자는 아무도 없다

2019년 현재 세계 경제의 전망은 매우 불투명합니다. 그 요인 중 하나가 미·중 무역 전쟁입니다.

이것은 국가적인 문제라기보다 도널드 트럼프라는 개인의 행위로 발생한 문제입니다. 매우 특이한 상황이라고 할 수 있지요.

무역 전쟁의 결말을 예측하려면 트럼프의 머릿속을 들여다보는 수밖에 없습니다. 미국에서 무역 전쟁을 요구하는 강력한 이익 단체 따위는 없으니까요. 오히려 미국 기업들은 무역 전쟁을 싫어합니다.

미국은 대통령이 관세율을 설정할 수 있는 완전한 자유 재량권을 보유하고 있습니다. 현재 세계 경제에서 우려할 만한 문제

거대한 분기점

는 바로 미·중 무역 전쟁뿐입니다. 결말이 어떻게 날지는 아무도 모릅니다.

트럼프는 끊임없이 트위터를 하고 있어 무슨 생각을 하는지 쉽게 알 수 있지요. 그의 머릿속은 망가진 가구가 뒤죽박죽으로 가득 들어차 있는 다락방 같습니다.

트럼프는 미국의 관세는 국내의 소비자가 아니라 외국이 지불해야 한다고 생각합니다. 그는 양국 간의 무역 수지를 가장 중요하게 여깁니다.

그뿐 아니라 자신의 정책이 크게 성공했다고 착각하고 있지요. 트럼프 이외의 사람들에게는 그렇게 보이지 않습니다만. 그는 정보도 인식도 부족합니다. 현재의 무역 전쟁은 이처럼 현실을 잘 모르는 사람에 의해 진행되고 있습니다.

이 무역 전쟁의 승자는 없습니다. 모든 사람에게 마이너스가 될 뿐이죠. 이론상으로 중국이 미국보다 약합니다. 하지만 미국의 정치 체계 속에는 중국에 없는 정치 압력의 표적(Pressure points)이 존재합니다. 트럼프는 무역 전쟁으로 불이익을 당하는 농업 지역의 표심을 걱정해야 합니다. 중국에는 그런 문제가 없죠.

일본에 끼치는 영향에 대해 덧붙이자면 조금 말하기 껄끄럽지만, 미국의 대중(對中) 무역 적자 대부분은 대일(對日) 무역 적자라고 볼 수 있습니다. 자세하게 내용을 들여다보면 중국 상품보다 일본 상품이 훨씬 많습니다. 만약 트럼프 대통령이 이 사실을 알아차리면 일본에 격노할지 모르지요.

●

미·중 테크놀로지 전쟁을 어떻게 볼 것인가

미국은 중국으로 첨단기술이 유출되는 것에 촉각을 곤두세우고 있습니다. 일본도 동맹국으로서 미국의 의향에 따르라고 강요하는데 어떻게 생각하십니까.

한마디로 기술 유출이라고 하지만 3가지 수준으로 구분할 수 있습니다.

(1) 중국에서 수입하는 기계에 스파이웨어가 설치되어 있다는 사실입니다. 말이 안 되는 상황인데 강경한 수단을 취해야겠지요. 트럼프는 중국의 통신 기업인 ZTE(중싱통신中興通訊)에 제재를 가했다가 일단 해제했습니다. 하지만 이러한 문제에 강경하게 대처하는 것은 지극히 당연한 일입니다. 현재 방침보다 더욱더 강하게 밀고 나가야 한다고 생각합니다.

(2) 또 하나는, 지적 재산권과 강제 기술 이전입니다. 이것이야말로 심각한 이슈(과제)로 미국의 철저한 단속이 필요한 분야입니다. 다른 선진국들과 협력해야 하는 일로, 일본의 협조도 필요합니다. 유럽도 마찬가지입니다. 대중 관계에서 가장 중대한 과제지만, 트럼프가 전 세계에 벌려놓은 무역 전쟁으로 인해 각국과의 협력 관계가 엉망이 되어가고 있습니다.

(3) 중국이 이대로 첨단기술을 계속 도입하면 세계 최대의 경제 대국이 되어 슈퍼 파워(강대국)를 보유하게 될 것입니다. 물론 미국이 그것을 멈추게 할 권리는 없지만 테크놀로지 도용을 허용해서는 안 됩니다. 다른 나라에서 기술을 배워 자국의 경제 성장을 지향하는 일은 세계 경제라는 게임 속에서 싸우는 데 필요한 당연한 행위입니다. 우리에게 도전해올지 모르는 국가의 경제 성장을 의도적으로 방해하는 정치 체제(Régime)로 전환하면 장기적으로는 그동안 미국이 상징적으로 쌓아 올린 모든 것을 배신하는 꼴이 되겠죠. 미국은 다른 나라의 경제 발전을 가로막아서는 안 됩니다.

정리하면 이렇습니다. (1) 강경 자세를 취하는 게 타당한 수준, (2) 반드시 강경 자세를 취해야 하지만 아직 제대로 대처하지 못하는 수준, (3) 강경 자세를 취해서는 안 되는 수준의 3가지로 나뉜다고 할 수 있습니다.

마지막으로 경제학이 해야 할 역할은 무엇이라고 생각하십니까.

경제 예측은 아니지요. 제가 자신 있는 분야가 아닙니다. 서브프라임 모기지 사태 때는 주택 버블의 붕괴가 손바닥 보듯 뻔해 무심코 예측하긴 했지만, 제대로 맞아 들어간 것은 그때뿐입니다.

내일 발생할 일은 한없이 오늘과 같고, 앞으로의 5년 동안은 지난 5년과 거의 같다고 생각하면 예측하기 쉽습니다. 물론 세계 대전이나 경제 위기 같은 예측 불가능한 일이 일어났을 때는 별개지만요.

경제 예측은 미래를 점친다기보다 인간 행동의 영향, 정책의 영향 등을 전망하는 일입니다. 만약 감세나 건강보험의 적용 확대가 사회에 어떤 영향을 끼치느냐는 질문을 받는다면, 경제학은 매우 명쾌한 대답을 내놓을 수 있습니다. 2001~2006년 일본은행이 시행했던 양적 완화 정책을 떠올려보세요. 그때 경제학자가 제시했던 의견이 거의 옳았을 겁니다.

이것은 제가 가끔 사례로 드는 이론이지만 경제에는 2가지 원칙이 있습니다.

(1) 길가에 돈을 놓아두면 곧 누군가가 주워가리라는 것. 즉 절호의 기회가 찾아오면 모두 그 기회를 이용한다는 원칙입니다.

(2) 물건을 파는 일은 동시에 물건을 사는 일로 서로 간의 상호

작용을 고려해야 한다는 원칙입니다.

　이 두 원칙을 잘 응용하고 거기에 역사적 교훈과 지금 우리가 처한 상황의 데이터를 조합하면 많은 것을 알아낼 수 있습니다. 모든 것을 예측하기는 어려워도 지난 10년은 경제학자에게 황금 기였습니다. 세계는 매우 혼란스러웠지만 여러 상황은 경제 이론 대로 흘러갔거든요.

Chapter 2

홀로세가 끝나고
인류세가 시작되다

평평하고 빠르고 스마트한 세계 경제의 미래

지금은 세계가 바뀌었습니다. 3세대분의 테크놀로지를 1세대가 전부 사용하기 때문입니다. 저는 처음에는 타자기로 경력을 쌓기 시작했지만, 지금까지 적어도 10가지가 넘는 새로운 문서 작성 기술을 경험해왔습니다. 이러한 흐름은 앞으로 더욱 가속화될 것입니다. 앞으로 경쟁에서 살아남으려면 평생 학습자(Lifelong learner)라는 능력이 가장 중요해집니다. 끊임없이 새로운 것을 배우고 새로운 학습 도구를 얻는 힘입니다.

Thomas Friedman

토머스 프리드먼

토머스 프리드먼

1953년생. 브랜다이스대학을 졸업한 후 옥스퍼드대학에서 현대 중동 연구로 석사학위를 취득했다. 1979~1981년 UPI 통신과 〈뉴욕 타임스〉의 중동 특파원, 1982년 〈뉴욕 타임스〉 베이루트 지국장, 1984년 예루살렘 지국장을 역임하며 퓰리처상을 2회 수상했다. 1989년 미국 국무부 및 외교 문제 담당 기자, 클린턴 정부의 백악관 담당 수석 기자를 역임하고 1995년부터 〈뉴욕 타임스〉의 외교 칼럼니스트로 활동하고 있다. 2002년 테러 문제를 다룬 칼럼으로 세 번째 퓰리처상을 받았다. 주요 저서로는 《렉서스와 올리브 나무(The Lexus and the Olive Tree)》《세계는 평평하다(The World Is Flat: A Brief History of the Twenty-First Century)》《늦어서 고마워(Thank you for Being Late: An Optimists Guide to Thriving in the Age of Accelerations Version 2.0)》 등이 있다.

토머스 프리드먼은 퓰리처상을 3회나 수상한 저널리스트이자 〈뉴욕 타임스〉의 외교 칼럼니스트이기도 하다. 여러 정규 칼럼니스트 중에서도 세계에서 가장 많이 읽히는 기사를 쓴 인물이라고 해도 과언이 아니다.

그는 《렉서스와 올리브나무》라는 책을 통해 지식인으로 확고한 지위를 얻었다. 1999년에 출판된 이 책은 그의 설명에 의하면 냉전을 대신할 시스템을 다룬 4대 작품의 하나라고 한다. 많은 사람의 예상대로 이 책은 세계적인 베스트셀러가 되었다.

다음으로 전 세계의 주목을 받은 책은 2005년에 발표한 《세계는 평평하다》다. 이 책은 최신 정보를 전달하기 위해 여러 번 개정판을 냈다. 개정판 3.0이 나온 해는 2007년으로 이것이 최종 결정판이라고 할 수 있다. 2년이라는 짧은 시간 동안 100쪽 넘게 추가 집필을 했다고 하니 그만큼 변화의 속도가 빠름을 알 수 있다. 애플의 아이폰이 세상에 등장한 2007년이야말로 하나의 중요한 전환점으로 세계가 평평함(Flat)에서 빠름(Fast)으로 옮겨간 시기다.

●

프리드먼은 2007년 이후를 '가속의 시대'라고 부른다. 현대 세계는 "평평할 뿐 아니라 빠르고 스마트해졌다"고 주장한다.

돌이켜보면 세계화가 전 세계의 예찬을 받으면서도 세계화라는 큰 파도에 수많은 사람이 휩쓸려갔다. 제대로 맞서보지 못한 채 정신을 차려보니 순식간에 평평한 시대에 돌입하고, 숨 돌릴 틈도 없이 빠른(가속화) 시대에 접어든 것이다.

프리드먼은 일상의 사소한 경험을 통해 그는 물론 전 세계의 많은 사람이 가속화라는 거센 파도와 싸우며 피로에 지쳐 있다는 사실을 깨달았다. 그것을 주제로 쓴 책이 《늦어서 고마워》다. 원제에는 '가속의 시대에 적응하기 위한 낙관주의자의 안내서'라는 부제가 붙어 있다. 지금 잠시 멈춰 서서 자신을 곰곰이 생각해보자는 저자의 취지가 밑바탕에 깔려 있다.

그러나 시대의 변화에 뒤처질 수는 없다. 지금도 여전히 전 세계를 누비는 세계 굴지의 저널리스트인 그는 이번 인터뷰에서 지금까지의 시대 흐름을 개관하고, 전 세계를 여행하며 얻은 뛰어난 지혜와 우리에게 부족한 것, 평생 학습자가 되어야 하는 중요성을 일깨워주었다. 그의 눈에 비친 현시대와 앞으로 우리 미래가 어떤 모습일지 꼭 확인해보기 바란다.

세계는 평평하고 빠르고 스마트해졌다

2005년에 《세계는 평평하다》라는 전 세계적인 베스트셀러를 발표하셨습니다. 이 책에서는 인터넷 같은 통신의 발달이나 중국과 인도 등의 경제 성장으로 세계 경제는 통합되고, 동등한 조건에서 경쟁하는 시대에 이르렀다고 말씀하셨는데요. 당시의 세계화를 상징하는 말이 '평평함'이라면 현재 세계적으로 발생하는 극적인 변화를 상징하는 말은 무엇일까요?

세계에서는 지금 테크놀로지가 극적으로 향상(Step up)되고 있습니다. 하나하나의 향상은 일정한 가능성의 방향으로 편재되어 있다고 봅니다.

2000년 무렵에는 테크놀로지가 '연결하는 것' 위주로 향상되었다고 판단합니다. 닷컴 붐과 닷컴 버블, 버블 붕괴가 있었고 광섬유 케이블의 가격 파괴가 일어났습니다. 이로 인해 우리는 그만 전 세계를 연결해버리고 말았지요.

어느 날 아침에 눈을 떴더니 지금까지 연결되지 않았던 사람과 이어지고, 그 사람과 자연스레 접촉하는 세계가 펼쳐져 있었습니다. 80세가 된 제 어머니가 시베리아의 누군가와 인터넷으로 트럼프를 이용한 게임인 브리지를 하고 계셨거든요. 제가 "세상은 평평해진 것 같다"고 말한 순간은 바로 그때입니다. 예전보다 많은 사람이 공평하게 경쟁할 수 있고 더 다양한 방법, 더 긴 기간, 더 많은 장소에서 이어지고 협동할 수 있게 되었습니다. '평평함'이란 그런 의미입니다.

만약 누군가가 저에게 "세상은 아직도 평평합니까"라고 묻는다면 이렇게 대답할 것입니다. "그건 어리석은 질문입니다. 세계는 예전보다 더 평평해졌습니다. 워싱턴DC에 있는 우리 사무실에 일본인 저널리스트가 찾아와, 아시아 전역에서 공유하기 위해 이전보다 작은 손바닥만 한 비디오카메라로 촬영하며 인터뷰하고 있으니까요. 당신이 만약 세계가 평평하다고 제대로 느끼지 못한다면 조금 주의가 부족한 것인지 모릅니다."

2016년에 출판한 《늦어서 고마워》에서 쓴 것처럼 2007년에 테크놀로지는 더욱 향상되었습니다. 그런데 이번 향상은 복잡한 (Complexity) 방향으로 치우쳐 있습니다. 급할 때 원터치로 택시를 부르거나 이용한 택시의 점수를 매기거나 택시가 자신을 평가하거나 이용 요금을 결제할 수도 있습니다. '가볍게 터치하는 행위'만으로 그런 모든 일이 가능하게 되었지요.

마치 '마법처럼' 말이죠.

모든 면에서 복잡함을 제거했다고 할 수 있습니다. 우리는 기어에서 모래를 털어내고 모든 부속에 윤활유를 칠했습니다. 복잡함을 간단하고 빠르게 다른 움직임을 방해하지 않는 자유로운 것으로 바꾸고, 눈에 보이지 않도록 감췄습니다. 컴퓨터 저장 장치와 기계적인 계산 분야에서 가격 붕괴가 일어나 가능한 일이었지요. 우리에게 빅데이터와 AI의 서막을 열어주었습니다. 그것이 '연결되는 것' 다음으로 일어난 테크놀로지 향상입니다. 세계는 평평함에서 빠름으로 이행했습니다. 지금은 원터치로 모든 것을 할 수 있으니까요.

지금 세계에서는 무슨 일이 일어나고 있는가. 우리는 어떤 단계에 도달해 있는가.

5세대 이동통신 시스템(5G)과 IoT의 발달로 모든 것에 지성이 깃들고 있습니다. 따라서 "세계는 단순히 평평할 뿐 아니라 빠르면서도 스마트해지고 있다"는 게 제 대답입니다.

●

테크놀로지가 지구를 뒤덮는 인류세가 도래하다

《늦어서 고마워》에서 "과거의 고용 홀로세(Holocene: 현시대)에서는 중간 정도의 기술만 보유하고 있어도 선진국에서 높은 급여를 받을 수 있는 일이 많았지만, 지금은 테크놀로지가 지구를 뒤덮은 인류세(Anthropocene)다"라고 정의하셨는데요.

2차 세계대전부터 2000년 초까지 약 50년 동안은 기후 변화가 크지 않은 매우 안정된 시대였다고 할 수 있습니다. 기후는 평균을 유지했고 사계절도 안정되어 평균적인 기업·국가·노동자에게는 최고의 시대였습니다. 누구나 평균적인 삶을 살 수 있었고 제대로 된 중산층의 라이프스타일을 누릴 수 있는 시대였습니다.

미네소타주 미니애폴리스에 사는 제 삼촌은 지방 은행에서 대출 업무를 담당했는데 고졸 출신이었어요. 학력은 지극히 평균이지만 중산층의 직업을 가질 수 있는 그런 시대였습니다.

책에서 기술 혁신, 세계화, 기후 변화가 가속화되고 있다고 말했는데 가속화가 심화되며 평균적인 시대는 완전히 막을 내렸다고 봅니다. 현시대에서 평균이 되려고 발버둥을 쳐도 과거의 평균적인 노동자·기업·국가의 라이프스타일로 되돌아갈 수는 없습니다. 그래서 몇몇 국가들이 서서히 붕괴하고 있는 것입니다. 이제 우리는 무엇을 하든 항상 평균 이상을 지향해야 합니다.

인류세에서는 '3가지=읽기(Reading), 쓰기(Writing), 산수

(Arithmetic)'뿐 아니라 '4가지=창조성(Creativity), 공동 작업 (Collaboration), 공동체(Community), 코딩(Programming)' 능력 이 필수라고 하셨잖아요. 그래서 모든 노동자가 평생 학습을 통 해 기술을 높여가야 한다고 주장하셨는데 그것은 모든 사람이 전 생애에 걸쳐 신기술을 습득하고 계속 성장할 필요가 있다는 말씀이신지요.

제 말의 핵심은 18세기 말에 개발된 증기 엔진은 이후 약 100년 동안 테크놀로지 향상의 중심이었습니다. 그러니까 3세대가 증 기 엔진과 함께 일했다는 의미지요. 전력화와 연소 기관, 산업혁 명이 그다음 약 100년 동안 이어졌습니다. 또 다른 3세대가 기본 적으로 같은 테크놀로지에 의지해 살았다는 말입니다.

지금은 세계가 완전히 바뀌었습니다. 3세대분의 테크놀로지 를 1세대가 전부 사용하고 있습니다. 저는 처음에 타자기로 경력 을 쌓았지만, 지금까지 적어도 10가지가 넘는 새로운 문서 작성 기술을 경험해왔습니다.

이러한 흐름은 앞으로 더욱 가속화될 것입니다. 앞으로 경쟁 에서 살아남으려면 평생 학습자(Lifelong learner)라는 능력이 가 장 중요해집니다. 끊임없이 새로운 것을 배우고 새로운 학습 도 구를 얻는 힘입니다. 그것이야말로 제가 이 책을 통해 말하고 싶었던 핵심이지요. 이것은 개인뿐 아니라 정부에도 해당됩니다. 미래에는 개인도 정부도 평생 학습자가 되는 일이 매우 중요해질 것입니다.

●

테크놀로지 실업인가 새로운 직업 창출인가

에릭 브리뇰프슨 MIT 슬론경영대학원 교수 등이 저술한 《기계와의 경쟁(Race Against the Machine)》에서는 '테크놀로지 실업'을 심각하게 우려하고 있습니다. 물론 "테크놀로지의 발전이 곧 실업으로 이어진다고는 할 수 없다. 기술 혁신으로 새로운 수요가 증가하고 경제 전체의 신진대사가 활발해지면 고용이 창출된다"라며 반박하는 학자도 있습니다.

에릭 브리뇰프슨(Erik Brynjolfsson)도 옳고 반박하는 학자도 옳다고 생각합니다. IT는 사람들의 육체노동과 사무 업무를 대신하겠지만 새로운 일자리도 만들어냅니다. 고수입을 창출하는 새로운 일이란 고도의 교육을 받은 사람만이 수행할 수 있습니다. 더 많이 두뇌를 사용하고 마음을 쏟는 일이 되겠지요. 일반인은 수행할 수 없습니다.

마음을 쏟으면 더욱더 창조적이 될 수 있습니다. 당신이 민박집을 운영한다면 숙박 외에 3시간 과정의 초밥교실도 제공하는 방식입니다. 초밥교실이 아니라 종이접기든 뭐든 상관없지만 이러한 일이 당신의 마음과 열정을 담는 것으로 이어집니다.

그래서 앞으로는 누구든 자신이 좋아하는 일로 수입을 얻게 될 것입니다. 물론 지금까지 세상에 없던 새로운 일도 생겨나겠지만, 그것도 포함해 새로운 일은 한층 고도의 기술이 필요해질 것입니다. 경제 전체의 신진대사가 활발해지면 틀림없이 일자리도 생기겠지요. 그 증거로 SEO(Search Engine Optimization: 검색엔진을 최적화하는 직업)나 AI 수리점 같은 일자리가 생겨나고 있으니까요. 다만 그런 일에는 새로운 기술과 평생 학습이 기본입니다. 그래서 브리뇰프슨도 옳고 비판하는 사람도 옳다고 생각합니다.

노동력 일부가 기계로 대체되면 당연히 임금은 내려갈 것으로 예상합니다. 타일러 코웬 조지메이슨대학 교수는 《4차 산업혁명, 강력한 인간의 시대》에서 "저임금 노동자가 늘고, 고도의 기술로 기계를 능숙하게 다루는 지적 노동자의 임금이 올라 서로 간의 격차가 벌어진다"고 주장했는데 맞는 말일까요.

'평균의 시대가 끝난(Average is Over)' 것은 확실합니다. 이제 초점은 그 격차를 완화하려면 어떤 경제 정책이 바람직한가입니다. 흔히 말하는 보편적 기본 소득에 관해선 회의적이지만 근로 소득세 공제액을 늘리는 데는 찬성입니다. 노동자의 수입이 부족하면 부족한 만큼 보충해주는 제도지요.

미국의 모든 미취학 아동(4세)에게 동등한 교육 기회를 보장하려면 전 국민의 세금을 올리고 더 많은 사람이 평생 학습자가 될 수 있는 도구를 제공하는 방법으로 부를 재분배할 증세가 필요하다고 판단합니다. 최빈곤층 구제에도 적극적인 대처가 필요하고요.

보편적 기본 소득의 원리에 반대하지는 않지만, 그보다 방금 말한 정책을 실행하는 게 훨씬 더 낫다는 말입니다. 보편적 기본 소득처럼 무상 배분해도 대개 정책이 제대로 성공하지 못합니다. 사람들은 무료로 받는 것에 그다지 고마워하지 않으니까요.

상위 1%만이 터무니없이 잘사는 상황을 어떻게 생각하십니까. 미래에는 기계를 소유한 자본가에게 더 많은 부가 집중되고, 일자리를 빼앗긴 노동자는 저임금에 허덕이거나 실업수당 같은 사회 보장으로 생활을 버틸 수밖에 없는 것 아니냐는 우려도 제기되고 있습니다.

상위 1%에 부가 집중되는 사회는 지속하기 어렵습니다. 무언가 대책을 강구하지 않으면 격차는 계속 벌어질 것입니다. 하지만 다른 사람보다 세금을 많이 내는 부유한 사람도 필요합니다. 저라면 보편적 기본 소득처럼 단순히 돈을 뿌리는 일은 하지 않을 겁니다. 사람들이 더 부가가치가 높은 일자리를 선택하도록 개개인의 잠재 능력을 발휘할 수 있는 도구로서 돈을 제공하겠지요.

●

테크놀로지는 과연 민주주의를 변화시킬 것인가

브렉시트, 미국 대통령 선거에서 도널드 트럼프 당선 같은 일에 러시아의 모략적 개입 및 조작이 있었고, 페이스북과 관련 있는 것으로 드러났습니다. 이는 기술의 진화가 기존의 정치 체제(기능)를 파괴하는 전형적인 사례라는 생각이 드는데, 이러한 개입을 막을 방법은 없을까요. 인간이 테크놀로지의 노예가 될 정도로 기술이 진화했습니다.

적어도 이번 소동으로 페이스북은 사태를 심각하게 받아들이고, 그들의 플랫폼을 사용한 모략적 개입을 방지하기 위해 노력하고 있습니다. '나쁜 녀석들'은 항상 첨단기술을 이용하니 제때 그들을 따라가기는 몹시 어려운 일이지요.

힐러리 클린턴(Hillary Clinton)이 대선에서 패배한 데는 여러 원인이 작용했습니다. 제임스 코미(James Comey) FBI 국장에게 추궁당한 개인 메일 문제, 서툴렀던 선거 운동, 국민의 염원과 빗나간 메시지 등입니다. 러시아 개입도 물론 있었지만, 현실적으로 러시아가 도널드 트럼프에게 승리를 안겼다고 보기는 어렵습니다. 한 가지 원인 때문에 실패했다고 할 만큼 당시의 선거가 접전은 아니었어요. 이러한 정치적 개입을 확실히 인지해야 한다는 점이 중요합니다.

대체로 소셜미디어나 사이버 도구는 무력한 독재주의자를 더욱 취약하게 만든다고 생각합니다. 요르단 같은 국가나 완전히 개방되지 않은 국가에서 국민이 국왕이나 여왕을 트윗하면 독재주의자의 힘은 더욱 약해지겠지요.

반대로 중국은 얼굴 인식이나 그 외의 사이버 도구를 활용해 유능한 독재주의자를 더욱 유능하게 만들고 있습니다. 그뿐 아니라 그런 도구는 민주주의를 제어 불능 상태에 빠뜨릴 가능성도 있습니다.

중국은 신중해져야 합니다. 사회가 공황 상태에 빠질지 모르니까요. 사람에게는 육체와 영혼이 있습니다. 육체만 만족시키고 영혼을 만족시키지 않으면 오늘의 홍콩처럼 혼란이 발생할 수 있습니다. 그래서 정말 신중해야 합니다.

레제프 에르도안(Recep Erdogan) 터키 대통령을 보세요. 자신은 유능한 독재주의자가 되리라고 생각했지만, 이스탄불 사람들은 그의 여당을 2번이나 대패시켰습니다. 수단에서도 독립 정권이 장기간 계속되고 있지만, 사람들은 군에 불복종해 정권에 맞섰습니다.

오늘날 같은 사이버 도구 중심이나 소셜미디어 시대에도 육체만 만족시키고 영혼을 만족시키지 않는다면 어떠한 체제라도 신중해질 필요가 있다고 봅니다.

●

커뮤니티 활성화의 3가지 조건

"21세기는 건전한 커뮤니티가 가장 유효한 통치 단위가 될 것"이라고 말씀하셨는데 건전한 커뮤니티란 무엇인가요.

현재 미국에서 성장하는 마을이나 도시에는 몇 가지 공통점이 있습니다.

(1) 매우 개방적이라는 점이 무엇보다 눈에 띕니다. 미국은 이민과 고령화로 마이너리티(Mainority)가 마조리티(Majority)가 되어가고 있습니다. 다시 말해 미국의 마조리티가 히스패닉계, 아시아계 등의 비백인이 되었다는 사실입니다. 백인 노동자에게만 의존하면 지금의 커뮤니티는 번영하지 못합니다. 백인만으로는 충분한 노동자를 확보할 수 없으니까요. 이것이 첫 번째 요소입니다.

(2) 권력을 쥐지 않는 리더들이 많아야 합니다. 이것도 매우 중요합니다. 커뮤니티의 리더는 '우리 마을은, 우리 커뮤니티는 다른 곳에 뒤지지 않는다'는 기개를 품은 사람이어야 합니다. 비즈니스, 사회봉사 사업(Philanthropy), 교육자, 사회 창업자, 지방자치단체 등이 함께 모여 촘촘한 적응 연합(Complex adaptive coalitions)을 만들고 모든 변화에 대처할 수 있는 네트워크를 구축하고 공감하는 일이 두 번째 요소입니다.

(3) 성장하는 커뮤니티에는 특별한 정치 신조가 없다는 점입니다. 그들의 정치 철학은 민주당과 유사하거나 공화당과 유사한 것이 아닌 '아무튼 돌아가기만 하면 되는 일(What works)'이라고 불립니다. 제가 주목하는 도시는 펜실베이니아주 랭커스터시, 켄터키주 루이빌시, 미네소타주 월머시입니다.

●

일본의 쇠락 요인은 폐쇄성 때문이다

《세계는 평평하다》를 발표한 지 약 15년이 지났는데 이 기간에 가장 몰락한 곳은 기술 제조국인 일본입니다. 예로부터 일본인은 기술력으로 세계를 제패할 수 있다고 믿었지만, 지금은 기술력도 중국에 현저하게 뒤처지고 있습니다.

세계가 평평해지면 여러 현상이 일어납니다. 그중 하나는 가장 개방적인 체계가 성장한다는 것입니다. 미국의 최대 기업들을 살펴볼까요?

마이크로소프트 CEO는 사티아 나델라(Satya Narayana Nadella)라는 인도 출신의 사업가입니다. 어도비시스템즈 CEO도 샨타누 나라옌(Shantanu Narayen)이라는 인도 출신의 사업가입니다. 구글의 공동 창업자 중 한 명은 러시아 출신의 세르게이 브린(Sergey Brin)이며, 지금의 CEO는 인도 출신의 샌더 피차이(Sundar Pichai)입니다. 거대한 성공을 손에 거머쥔 스타트업을 보면 해외 출신 CEO가 많습니다.

미국의 이민 정책은 기술력이 조금 떨어져도 의욕이 넘치는 사람, IQ가 높고 위험을 떠안을 수 있는 모험가를 끌어들이는 역할을 합니다. 이처럼 이민을 적극적으로 받아들이는 정책은 미국에 셀 수 없을 만큼 커다란 이익을 안겨줍니다.

일본은 미국 같은 이민 국가가 아닙니다. 1970년대의 일본은 고품질의 제품을 만들어 경제 성장을 이뤘지요. 두말할 것 없이 세계 최고의 품질이었습니다. 하지만 일본은 그 자리를 계속 지키지 못했습니다.

친구 폴 크루그먼의 전문 분야이긴 한데 거시경제 정책이 하나의 원인이 아닌가 싶습니다. 덧붙여 말하면 새로운 산업 분야에서 싹을 틔울 아이디어와 산업 자체를 쇄신하지 못한 점을 들 수 있지요. 도요타, 소니, 파나소닉, 도시바 같은 대기업들을 더 높은 수준으로 끌어올리지 못한 점이 큰 요인이 아닐까 싶습니다.

2018년에 일본을 한 번 방문하고 그 후엔 가보지 않았습니다. 그래서 당시의 인상밖에 남아 있지 않지만, 일본 사람들은 재능이 넘치고 인프라도 훌륭하며 뛰어난 교육이나 민주적인 프로세스, 강한 가족관을 갖추고 있다고 느꼈습니다. 모든 요소가 완벽한 나라라는 생각이 들었지요.

그런데 전체를 보면 어찌 된 영문인지 하나하나를 모두 합쳐 시너지를 내는 것처럼 보이지 않습니다. 모든 능력을 최대한 활용하지 못하는 것처럼 보인다는 얘기입니다. 일본을 꿰뚫어보지 못했지만, 교육 시스템이나 인프라, 사람들의 재능을 봐도 뭔가 결여되어 있는 것처럼 느껴집니다. 그렇지 않다면 지금의 일본은 아무런 불평 없이 번창하고 있을 테니까요.

일본의 문제는 미래를 향한 비전이 없어서가 아닐까요.

일리 있는 의견입니다. 일본 역사를 보면 섬나라 문화(Culture of insularity)의 특징이긴 하나 매우 폐쇄적입니다. 그래서 저는 시스템을 개방하라고, 이제 세계는 평평해졌다고 조언하고 있습니다.

사소한 판단이 끼치는 영향은 지대합니다. 시속 800km로 8,000km를 나아가야 한다면 무능한 일본의 리더가 길을 벗어나도 거의 아픔을 느끼지 않고 다시 원래의 길로 돌아올 수 있습니다. 하지만 세계가 시속 8만km로 움직이고 있어 시속 8,000km로 따라가야 할 때, 무능한 리더가 발을 헛디디면 올바른 길에서 한참 벗어나 원래의 길로 돌아갈 때까지 아픔이 깊어질 수밖에 없습니다.

그래서 리더십이 정말 중요하다고 생각합니다. 현재 일본은 자연과 인적 자원을 최대한 활용하지 못하는 것 같습니다. 이유는 문화적 폐쇄성과 관련 있다는 생각이 듭니다.

3가지 전략으로 구성된 중국의 자본주의를 이해하라

최근 CNBC TV에서 "도널드 트럼프는 지금 중국이 대응하기에 가장 적합한 대통령"이라고 말씀하셨습니다. 심지어 미스얼라인드(Misaligned: 위치 맞추기가 어긋난 상태)의 무역 관계에 실제로 도전할 사람이 필요했다고도 하셨는데, 무슨 말인지 설명해주시겠어요. 트럼프가 중국을 대하는 정책에 큰 의미가 있다고 보십니까.

중국은 1970년대 말 이후 큰 틀에서 3가지 전략을 활용해 빈곤층에서 중산층으로 성장했다고 봅니다.

(1) 첫 번째 전략은 믿을 수 없을 정도의 근면함, 인프라와 교육, 첨단과학에 현명한 연구 투자, 만족 지연(Delayed gratification: 미래를 위해 눈앞의 보상 욕구를 참는 일), 국가 발전을 위한 희생정신, 장기 계획 수립 같은 요소들입니다.

(2) 두 번째 전략은 지식 재산권 침해, 호혜적이지 않은 무역 협정, 강제 기술 이전, 그것을 위반해 제재당한 WTO의 판결을 효과적으로 실행하지 않는 것 등입니다.

(3) 세 번째 전략은 미국의 태평양 함대 활용입니다. 이 존재가

거대한 분기점

있었기에 중국은 아시아 인근 국가를 경제적으로 지배할 수 있었습니다. 이웃 나라에 정치적으로나 지정학적으로나 중국의 지배를 받는다는 두려움을 주지 않고 실질적으로 지배할 수 있었지요. 경제적으로 중국에 지배받을지 몰라도 미국이 있어 안심이라는 생각을 하게 한 것입니다. 아시아 전체의 안전을 보증한 이 중요한 함대에 중국은 진심으로 감사해야 할 겁니다.

이 3가지 전략 활용을 비유적으로 표현하면 티셔츠나 테니스화, 태양광 패널을 팔아 중국은 빈곤층에서 중산층으로 올라섰습니다. 미국은 중국에서 만든 티셔츠나 테니스화, 태양광 패널을 사고 반대로 콩과 보잉기를 중국에 팔았습니다. 무역은 기본적으로 이렇게 진행되었고 그럭저럭 잘 돌아갔습니다. 미국이 티셔츠나 테니스화, 태양광 패널을 너무 많이 사면 중국은 보잉기와 콩의 구매량을 늘렸습니다. 그래서 모든 것에 문제가 없었지요. 그리고 나서 미국은 방향을 전환해 지식 재산권 침해 쪽으로 눈길을 돌렸습니다.

중국은 지금 슈퍼컴퓨터와 그 슈퍼컴퓨터에 쓰일 마이크로칩, 자체 생산 비행기와 항공우주 산업, 신소재, 의학, 전기 자동차, 전지 등을 개발해 중산층에서 상류층 혹은 상류 중산층으로 올라가려고 애쓰고 있습니다. 나열한 것은 미국이나 일본도 개발하고 있지만, 당연히 중국도 개발할 자격이 있습니다. 물론 일본의 기술력은 매우 훌륭합니다. 다만 중국이 지식 재산권의 침해, 호혜적이지 않은 무역 협정, 강제 기술 이전이라는 상투적인 전략을 계속 쓰게 해서는 안 됩니다. 만약 미국이나 일본이 제조하는 최첨단 제품에도 같은 수법을 쓰게 한다면 우리에게 미래는 없을 테니까요.

결과적으로 누군가 결투를 시작해야 했습니다. 이 상황은 일어날 일이 결국 일어났을 뿐입니다. 그래서 도널드 트럼프의 정책을 환영합니다. 옳은 결단이었다고 생각해요. 지금이야말로 무역 관계의 균형을 되돌려야 하는 시점입니다. 균형이라고 했지만 무역 수지를 말하는 게 아닙니다. 무역 수지에는 많은 변수가 작용하지요. 달러의 가치, 상대국 통화의 가치, 금리 등은 거시 경제 정책의 범주입니다.

제가 말하는 무역 관계의 균형이란 중국이 미국 시장에 가진 권리와 동등한 수준의 권한을 일본이나 미국 기업도 중국 시장에서 갖게 해달라는 것입니다. 이를 위해 지식 재산을 포기하라고 강요하거나 주식의 절반을 매각해야 하거나 중국의 여러 관습을 따르라고 강요해서는 안 됩니다.

저는 상호 무역 협정에 찬성합니다.

알리바바가 미국에서 그들의 클라우드 서버를 가질 수 있다면, 마이크로소프트도 중국에서 클라우드 서버를 가질 수 있어야 합니다. 누구나가 공평한 경쟁 무대에서 싸워야 합니다. 이것이 바로 제 주장입니다.

●

냉전 이후의 세계를 이해하는 최선의 방법

《렉서스와 올리브나무》에서 "맥도널드가 있는 나라와 나라 사이에는 전쟁이 일어나지 않는다"고 말씀하셨지요.

이른바 맥도널드 이론입니다. 《렉서스와 올리브나무》는 1999년에 쓴 책인데 이후 몇 가지 예외적인 사건이 발생했습니다. NATO의 세르비아 공습(코소보 분쟁), 러시아의 우크라이나 침공 등입니다.

하지만 제 이론은 98% 정확했습니다. 물리학에서 98%라고 하면 칭찬받을 일이 아니지만, 사회학에서 98%는 대단한 일이지요. 러시아는 크림반도를 점령했지만, 우크라이나의 수도 키예프까지는 점령하지 않았습니다. 세계화로 인한 경제적 제재, 다시 말해 맥도널드 이론이 무서워서입니다.

뒤돌아보면 냉전이 끝나고 출판된 4권의 책은 냉전을 대신할 시스템이 무엇인지 다루고 있습니다. 당시 사람들의 가장 큰 관심사였죠.

맨 먼저 프랜시스 후쿠야마(Francis Fukuyama)가 쓴 《역사의 종말(The End of History and The Last Man)》입니다. 그는 역사가 저물고 자유 시장과 자유인이 승리한다고 말합니다. 새뮤얼 헌팅턴(Samuel Huntington)의 《문명의 충돌(The Clash of Civilizations and the Remaking of World Order)》, 로버트 카플란(Robert S. Kaplan)의 《무정부 시대가 오는가(The Coming Anarchy)》가 뒤를 이어 출간되었습니다. 마지막으로 《렉서스와 올리브나무》입니다.

이 책에서 오래된 것을 올리브나무에 비유했습니다. 오래된 것이란 내셔널리즘, 파벌, 신앙, 종교 등 우리를 세계와 이어주고 세계를 향해 싹을 틔우게 하는 것들입니다. 하지만 올리브나무의 충동이 새로운 가치관인 세계화와 상호 작용을 일으킬지 모른다는 게 이 책의 취지입니다.

올리브나무의 충동은 때로 세계화의 속박을 뚫고 나갈지 모르지요. 러시아의 우크라이나 침공이 지금은 크림반도 지배에 머물고 있지만 언젠가 수도 키예프까지 나아갈지 모릅니다. 중국은 언젠가 대만을 점령할지 모르고요. 오래된 것들이 세계화와 교차해 상호 작용을 일으키는 겁니다. 이러한 《렉서스와 올리브

나무》의 사고방식이 냉전 이후의 국제 관계를 이해하는 최선이라고 생각합니다.

그야말로 1년 단위로 격변하는 시대를 맞이해 정부의 확고한 방침이란 어떤 것이어야 한다고 생각하십니까.

지금의 평평한 세계에서는 누구나 다른 사람의 상황을 손바닥 보듯 살펴볼 수 있습니다. 인간은 대체로 자신의 모든 잠재 능력을 발휘하고 싶어 하고요. 이 둘을 정부는 제대로 이해해야 합니다. 일본의 젊은이든 미국이나 이집트의 젊은이든 잠재 능력을 여지없이 발휘하고 싶어 합니다. 제가 전 세계를 여행하며 얻은 경험, 특히 중동에서 그것을 배웠습니다.

서민, 그중에서도 젊은이들이 올바른 학습 도구나 규제, 정치 시스템을 통해 잠재 능력을 발휘할 수만 있다면 그 나라는 틀림 없이 번영하고 산적해 있는 문제도 사라질 겁니다.

저는 항상 인간을 주목합니다. 굴욕적인 상황을 물리치고 모든 가능성을 발휘하는 힘, 그곳에서 생겨나는 존엄이야말로 우리가 바라는 소망이라고 생각합니다.

Chapter 3

직업의 절반이 사라지고 헛된 일자리만 늘어난다

지금 '불시트 잡스(Bullshit Jobs)'가 만연하고 있다

우리는 노동 시간을 단축하거나 필요한 일을 공평한 방식으로 분배하는 게 아니라 그것을 하는 본인조차 '쓸모없다'라고 느끼는 일을 새롭게 만들어냈습니다.

관공서나 관리직들이 하는 일입니다. 케인스 시대에는 전체의 25% 정도였던 사무직의 비율이 현재 많은 나라에서 거의 75%까지 늘어났습니다.

David Graeber

데이비드 그레이버

데이비드 그레이버

1961년생. 영국 런던정치경제대학교(LSE) 문화인류학과 교수. 아나키스트 활동가로도 알려져 있다. '우리는 99%다(We are the 99percent)'라는 슬로건을 만든 월가 점거 운동의 이론적 지도자로 유명하다. 주요 저서로는 《아나키스트 인류학의 조각들(Fragments of an Anarchist Anthropology)》《부채 그 첫 5,000년(Debt: The First 5,000 Years)》《관료제 유토피아(The Utopia of Rules)》《Bullshit Jobs: The Rise of Pointless Work, and What We Can Do About It》 등이 있다.

데이비드 그레이버는 현재 LSE 문화인류학과 교수이다.

2012년에 발표한 《부채 그 첫 5,000년》은 자본주의와 문명 전체의 위기에 경종을 울린 대작으로 세계적인 베스트셀러가 되었다. 《21세기 자본(Capital in the Twenty-First Century)》으로 세계에 이름을 떨친 경제학자 토마 피케티(Thomas Piketty)도 이 책을 극찬했다.

이번에 그를 인터뷰한 이유는 최근 전 세계의 이목을 집중시킨 《Bullshit Jobs》라는 책에서 펼친 주장을 다시 한번 확인하기 위함이다. 처음에 그는 책을 출간할 생각이 없었다. 그저 경험을 바탕으로 쓴 에세이를 잡지에 발표했을 뿐이라고 한다. 그런데 그 에세이가 몇 개 국어로 번역되며 순식간에 전 세계의 화제를 불러 모았다.

●

그레이버는 아나키스트로도 유명하다. 2004년의 《아나키스트 인류학의 조각들》은 그의 사상을 정리한 책이다. 그는 박사학위를 취득하고 2년 뒤인 1998년에 예일대학 조교수로 임용되었다가 준교수가 되었는데, 2005년에 갑자기 대학 측에서 그를 추방했다. 그가 세계에서 가장 총명한 학자라는 점은 인정하지만, 대학의 추방 배경은 정치적인 이유 때문으로 알려졌다.

그는 2001년 안식년을 얻어 DAN(Direct Action Network) 활동을 하며 반전, 반세계화 시위에 적극 참여했다. 신문에도 이와 관련한 논설을 많이 발표했다. 월가 점거 운동의 슬로건인 '우리는 99%다'를 만든 사람도 그다. 2006년에 LSE에서 강의할 기회를 얻었고 2011년 교수 지위를 부여받아 현재에 이르고 있다.

데이비드 그레이버가 말하는 '불시트 잡스'란 무엇일까. 우리말로 옮기면 '아무래도 좋은 헛된 일'이다. 그는 현재 사무직 업무의 대부분은 의미 없는 헛된 일들이며, 많은 사람이 "자기 일은 어디에 도움이 되는지 실감하지 못한다"고 주장한다. 경제학자와는 다른 시각으로 경제의 이상적인 모습을 날카로운 시선으로 바라보고 실천적으로 비판해왔다. 이처럼 그만이 가능한 독특한 관점은 어떤 의미에서 보면 진실을 꿰뚫고 있다. 독자 중에는 조금 귀가 따가운 사람이 있을지 모르겠다. 차분히 읽길 바란다.

●

의미 없는 일이 조금씩 늘어나고 있다

최근 20세기를 대표하는 경제학자인 존 케인스의 이론이 재조
명받고 있습니다. 1930년 케인스는 "기술이 진보해 100년 후
(2030년)에는 일주일에 15시간(만) 일하는 시대가 될 것"이라고
예상했다고 합니다. 이것을 어떻게 생각하시나요.

2030년까지 10년 남았습니다만 실제로 발생할 상황은 케인스
의 예상과 반대라고 생각합니다. 현대인의 노동 시간은 1930년
과 비교하면 세계적으로 감소했습니다. 하지만 지금 시대의 일은
일상생활에 깊숙이 파고든 부분이 많아 그것을 포함하면 오히려
늘어나지 않았을까요. 특히 특정 계급의 사람에게는 오히려 증
가하고 있습니다.

로봇이 우리의 일자리를 빼앗으러 온다는 무서운 이야기가
퍼지고 있어 흥미롭습니다. 케인스 시대에 존재하던 일의 절반이
지금은 사라지고 없지요. 이미 다양한 일을 로봇에게 빼앗기고
말았습니다.

그러면서도 우리는 노동 시간을 단축하거나 필요한 일을 공평
한 방식으로 분배하는 게 아니라 그것을 하는 본인조차 '쓸모없

다'라고 느끼는 일을 새롭게 만들어냈습니다.

관공서나 관리직들이 하는 일입니다. 케인스 시대에는 전체의 25% 정도였던 사무직의 비율이 현재 많은 나라에서 거의 75%까지 늘어났습니다.

일을 위한 일들이지요. 왜 그런 일이 늘어났을까요.

큰 조직은 여분의 일을 모두 없애는 것이 아니라 거기에 필요 없는 지방을 덧붙이려는 경향이 있기 때문입니다. 여기서 말하는 여분의 일이란 정기적으로 사람을 고용하는 매우 어리석은 업무를 가리킵니다.

사회는 항상 새로운 일자리를 만들어 고용을 늘려야 한다는 커다란 압박을 받고 있습니다. 지금 존재하는 일자리를 없애서는 안 된다는 분위기도 강하고요.

따라서 기업도 정부도 필요 없는 것들을 정기적으로 처분하지 않고 점점 의미도 없는 일을 조금씩 만들어갑니다. 전체적으로 비틀린 상태가 되는 거지요.

아무것도 하지 않은 사람의 월급이 더 많다

《Bullshit Jobs》가 전 세계의 많은 관심을 받고 있습니다. 많은 일이 '불시트 잡스'라는 내용인데요. 처음 책의 골자가 된 내용은 〈스트라이크!〉라는 잡지에 에세이로 발표하셨더군요.

그렇습니다. 에세이 내용은 다른 사람한테 부탁해서 조사한 게 아니라 제 경험을 바탕으로 썼습니다. 그동안 이런저런 파티에 참석해 관리직 사람들을 많이 만났습니다. 저는 노동자 계급의 가정에서 자라 관리직 계급의 세계와는 무관하게 살았어요. 그래서 그들의 사무실 환경도 잘 몰랐습니다.

그곳에서 사람들을 만나면 '무슨 일을 하는지, 그것이 어떤 일인지'를 물었습니다. 그랬더니 많은 사람이 "별로 대단한 일은 하지 않습니다"라고 대답하더군요. 처음에는 겸손해서 그런가 보다 했어요.

더 자세히 물어보니 문자 그대로 정말 대단한 일을 하지 않더군요. 하루에 1시간밖에 일하지 않는 사람도 있고, 심지어 일주일에 1시간밖에 일하지 않는 사람도 있었습니다. 출근한 사무실에서 페이스북의 프로필을 갱신하거나 컴퓨터 게임을 하며 하루를 보낸다고 합니다.

이처럼 제대로 일하지 않는 사람들의 이야기를 듣고 나서 도발적이라고 해도 좋을 만한 에세이를 내놓았습니다. 바로 《Bullshit Jobs》입니다. 어쩌면 이 사람들이 특별한 게 아닐지 모른다. 많은 사무직원이 아무 일도 하지 않는 게 아닐까. 사실이라면 여러 현상을 설명할 수 있다는 내용의 에세이입니다.

관리직이 일하지 않는 것은 일본 기업에만 국한된 이야기가 아니었군요. 당혹스럽게도 관리직은 일반 사원보다 훨씬 많은 보수를 받고 있습니다.

모순입니다. 실제로는 아무 일도 하지 않은 사람이 구체적으로 도움이 되는 일을 하는 사람보다 훨씬 많은 월급을 받으니까요. 업무가 사회에 공헌하는 비율과 일을 하고 받는 보수가 역상관 관계인 거죠.

컨설턴트 업무를 볼까요. 과거에는 컨설턴트라는 직업이 없었습니다. 예전 조직의 인사 부서에는 직원이 대개 1명밖에 없었지요. 지금 회계사는 비정상적인 수준으로 많습니다. 현재 영국에는 회계사가 36만 명 정도 있는데, 단순히 계산해보면 전체 노동자 92명 중 1명이 회계사라는 말입니다. 대학 시설, 교육 기관, 건

강 관리 부문도 옛날에는 소수의 인원으로 운영했는데 지금은 대규모의 조직으로 변모했지요.

그 외에 예전에는 존재하지 않던 기업의 사내 변호사(고문 변호사) 등 일하는 본인조차 필요 없다고 생각하는 일이 많아졌습니다. 사내 변호사는 경쟁 기업이 고용하지 않는 한 둘 필요가 없습니다. 텔레마케팅(전화 영업)이나 PR(홍보), 로비 활동 등도 그렇지요. 모두 경쟁자가 고용하니 우리도 따라 한다는 이유로 늘어난 일자리입니다.

●

자기 일은 쓸모없다고 생각하는 사람들

그래도 일하는 당사자는 그 사람 나름대로 보람을 느끼지 않을까요.

저는 자기 업무가 필요 없는 일이라는 사실을 그들이 어느 정도 의식하는지 무척 궁금했습니다. 제 에세이가 독자들에게 큰 반응을 얻을 거라는 기대는 없었지만, 흥미로운 사실을 알게 됐으니 즐겁게 읽어주는 사람도 있겠지라는 마음으로 발표했습니다.

그런데 이 에세이가 엄청난 반향을 불러일으켰습니다. 발표한 지 2주 만에 13개 국어로 번역되었고, 1년이 지난 후에는 28개 국어로 늘어났습니다. 전 세계의 많은 사람이 제 에세이에 대한 감상을 블로그에 올리고 신문에 투고해 물의를 빚기도 했지요.

어떤 사람은 "나는 고문 변호사지만 아무것도 사회에 도움이 되는 일을 하지 않는다. 참을 수 없을 만큼 비참한 기분이다"라고 말했습니다. 다양한 사람이 헛된 삶을 고백하고 얼마나 지독한 불행감을 느끼는지 숨김없이 말하기 시작했어요.

처음에는 '자기 일은 필요 없다'고 여기는 사람이 기껏해야 15~20%일 것이라 생각했습니다. 하지만 영국의 조사회사 유고브(YouGov)가 제 주장을 인용해 실시한 조사는 이렇습니다. "당신의 일은 사회에 의미 있는 공헌을 하는가"라는 질문에 37%가 "전혀 그렇지 않다"고 대답했습니다. "어느 쪽인지 모르겠다"가 13%, "틀림없이 공헌하고 있다"고 응답한 사람은 50%에 불과했습니다.

많은 사람이 일의 의미를 제대로 찾지 못하고 있습니다. 버스 운전사나 간호사, 청소부라면 직접적으로 사회에 공헌하고 있습니다. 그런데 책상에 앉아 일하는 사람에게 눈을 돌리면 '자기 일은 세상에 어떤 도움이 되는지 모르겠다'고 느끼는 사람이 생각보다 많았습니다.

블루칼라의 일을 '불시트 잡스'라고 생각하는 사람도 있겠죠.

그렇게 생각하는 사람도 많겠지만, 불시트 잡스의 실태를 살펴보면 전혀 반대입니다. 물론 무의미한 블루칼라(생산 현장에서 작업에 종사하는 근로자)의 일도 있습니다.

노동조합이 강했던 한 세대 전에는 불필요한 육체노동이 지금보다 많았어요. 1980년대에 들어서 효율성 촉진과 테일러라이제이션(Tailorization: 목적이나 필요에 맞게 조정하는 것)으로 인해 블루칼라의 업무 낭비가 크게 줄었습니다.

그런데 이러한 효율화로 남은 돈을 어디에 쓰느냐 하면 바로 불필요한 사무직원을 고용하는 데 쓰고 있었습니다. 결과적으로 불시트 잡스가 점점 늘어나게 됩니다.

블루칼라의 일은 화이트칼라보다 '현실적'이라는 뜻인가요.

맞습니다. 쓰레기 수거는 실천적인 직업이며 세상을 더 좋아지게 하는 일입니다. 일정한 교육이 필요한지 어떤지는 논란의 여지가 있지만 일 자체에 큰 가치가 있습니다.

블루칼라가 화이트칼라보다 생산성이 훨씬 높다고 할 수 있을까요.

그런 성향이 있습니다. 다만 사무직원이나 기업 중역의 노동 생산성은 정확한 통계가 없다고 봐도 무방합니다. 통계가 있다면 화이트칼라의 생산성이 해마다 떨어진다는 사실을 정확히 분석하겠지요. 특히 교육이나 헬스케어 산업은 확실하게 생산성이 떨어졌습니다. 이 업계의 생산성 저하는 증명할 수 있습니다.

자동화(Automation) 덕택에 제조나 수송 분야의 효율성은 비약적으로 높아졌지만, 교육이나 헬스 산업처럼 다른 사람을 돌보는 일, 즉 제가 복지 섹터(Caring sector)라고 부르는 일의 생산성은 계속 떨어지고 있습니다. 컴퓨터에 자료나 문장을 입력하는 작업에 쫓겨 본래 업무를 할 시간이 줄어들어서 그렇습니다.

●

기본 소득으로 인간다운 일을 되찾다

일본의 대기업에는 과장이나 차장, 부장, 본부장처럼 관리직의 지위가 다양합니다.

서양에도 여러 종류의 관리직이 있습니다. 특히 창조적 산업 분야에서 현저하게 나타나고 있습니다. 예전의 언론 업계에는 기자와 편집자가 있었을 뿐입니다. 그런데 지금은 프로듀서 등 다른 단계의 직종이 존재합니다.

예술 업계는 아티스트와 갤러리 주인밖에 없었지만, 지금은 큐레이터(전람회의 기획·구성·운영 등을 관장하는 전문직)가 있습니다. 박물관에만 필요했던 직종인데 현재는 어느 갤러리에 가도 있지 않습니까. 큐레이터들이 무슨 일을 하는지 저는 잘 모르겠습니다.

불시트 잡스의 여파는 영화계에도 끼치고 있습니다. 영화 관계자에게 "최근 할리우드의 대본은 왜 이렇게 형편없냐"고 물어보면 "각본가나 연출, 프로듀서 사이에 여러 층의 사람이 있기 때문"이라는 답이 반드시 돌아옵니다. 이래저래 다섯 단계에 달하는 간부직이 있다는데 그들은 특별히 무언가를 하는 것도 아니고 스스로 무엇을 해야 할지 찾으며 지낸다고 합니다.

상당히 신랄한 말투시네요.

하지만 그들도 무언가 일을 해야 하기 때문에 자신들의 손에 들어온 각본을 제각각 한두 줄씩 고치는 거예요. 그런 식으로 여러 사람이 이상하게 고개를 들이미니까 의미가 불분명한 대본이 완성되는 거죠.

어떻게 하면 그런 불시트 잡스를 없앨 수 있을까요.

정말 어렵습니다. 불시트 잡스를 없애기 위한 위원회를 만들려고 하면 또 다른 불시트 잡스가 생기는 모순이 발생합니다. 그래서 가장 간단한 방법은 그런 사람에게 구체적인 대체 직무를 주는 거예요.

불시트 잡스에 근무하는 사람은 심한 우울증을 앓고 있거나 심리적인 질환을 호소하는 비율이 다른 직종보다 높습니다. 의미 없는 직업을 가진 사람일수록 서로 고함을 지르거나 물고 늘어지는 일이 잦습니다. '저 사람은 아무 일도 하지 않는데 나보다 월급을 많이 받는다'라는 식으로 말입니다.

업무에서 소외감을 느낀 사람이 소외감을 느끼는 다른 사람을 들이받는다. 정말 참혹한 진실이네요.

자기 일의 의미가 명확해지면 서로의 업무를 이해하기 위해 노력하고 관계도 개선될 것입니다.

불시트 잡스 중에는 어린이집 교사처럼 무언가 다른 사람의 도움이 되는 일을 하고 싶지만, 생활을 유지하기 위해 어쩔 수 없이 급여가 높은 일을 선택했다는 사람도 적지 않습니다. 충분한 돈을 벌려고 일주일에 3~4일은 사회에 도움 되는 일을 하고 1~2일은 불시트 잡스로 일하는 사람도 있습니다. 하지만 그런 구조를 만든다는 것은 무척 어려운 일입니다.

많은 사람이 가치 있는 부업을 찾지만 쉽게 구할 수는 없잖아요.

남에게 도움 되는 일자리의 임금을 올리는 일이 가장 **빠른** 길입니다. 아주 이해하기 쉬운 해결책이지요.

무의미한 일자리를 없애는 또 하나의 손쉬운 해결법은 보편적 기본 소득을 도입하는 것입니다. 보편적 기본 소득은 논쟁거리가 다양합니다. 사회 보장 제도를 파괴할 수 있다는 과격한 주장이 있지만, 사람이 먹고살 수 있는 최저한의 현금을 건네는 방식을 제안합니다. 일정한 생활을 보장하고 사회에 공헌하는 방식은 국민에게 맡기는 방식입니다.

많은 사람이 보편적 기본 소득으로 인해 나태해질 거라고 반론하기도 합니다. 그런데 불시트 잡스에 종사하는 사람은 아무 일도 하지 않고 돈을 많이 받지만, 불행하다고 느낍니다. 다시 말해 사람은 누구라도 기회가 있으면 자신의 인생에서 무언가 다른 사람의 도움이 되고 싶어 한다는 의미입니다.

다만 사람들이 정말 세계에 공헌하고 싶다는 생각을 해도 각자에게 직업 선택을 맡기면 어리석은 선택을 할 것이라는 논란도 있습니다. 형편없는 시인, 시끄럽기만 한 스트리트 뮤지션, 순간이동 머신 개발이나 지구 공동설 증명에 힘쓰는 매드 사이언티스트(Mad Scientist) 등이 생겨나지 않을까 하는 우려입니다.

이 의견에 관해 3가지 정도 반론하고 싶습니다. (1) 이미 37%의 사람이 자기 일은 무의미하다고 말하고 있으니 더는 쓸모없는 일은 없을 것입니다. (2) 적어도 그것으로 사람들의 행복 지수가 훨씬 높아질 것입니다. (3) 그런 쓸모없는 일 속에서 단 1명의 천재가 태어날 수도 있습니다. 미래의 아인슈타인은 많은 매드 사이언티스트 중에서 출현할지 모르니까요.

제 말의 핵심은 사람을 비참하게 만드는 무의미한 일은 정말 쓸모없다는 사실입니다. 아무도 행복하지 않고 가치 없는 일은 이 세상에 존재할 필요가 없습니다.

솔직히 불시트 잡스에 종사하는 사람에게 "당신 일은 아무래도 좋은 헛된 일"이라고 말하고 싶진 않습니다. 이런 말을 듣는다면 굉장히 기분이 나쁠 겁니다. 저는 사람들의 목소리에 진지하게 귀를 기울이고 싶습니다. 요즘에는 자기 의견을 진지하게 들어주는 사람이 적으니 말입니다.

만약 5년, 10년, 20년 동안 한 가지 일에만 몰두한 사람이 있다면 그 사람은 다른 누구보다 그 일을 잘 알 것입니다. 만약 그 사람이 "내가 하는 일은 바보짓이다"라고 말한다면 그곳에는 남들이 모르는 다른 원인이 있을 겁니다.

●

불시트 잡스의 5가지 유형

불시트 잡스에는 어떤 유형이 있습니까.

저는 인터넷으로 불시트 잡스에 관한 300여 개의 증언을 모으고 분석해 5가지 유형으로 분류했습니다.

- 하인형
- 폭력배형
- 이삭줍기형
- 관료형
- 중간 관리자형

(1) 하인형(Flunkies)에는 안내원이나 비서가 해당합니다. 그들은 사무실에서 다른 직원들을 '훌륭하다'라고 치켜세우는 존재입니다. 대부분 사무실 사람들은 기사의 수염을 정리하거나 말등자를 닦던 봉건 시대의 하인과 같습니다.

(2) 군스(Goons)는 폭력배라는 뜻입니다. 어느 기업 고문 변호사가 "내 직업은 불시트 잡스이며 다른 사람의 인생에 불쾌한 방법으로 간섭하는 공격적인 일을 한다"는 이야기를 듣고 떠올린 단어입니다. 그들은 봉건 시대의 영주와 같은 존재로 반복하지만, 공격적이라는 점이 중요한 요소입니다. 사내 변호사나 전화 영업, 로비스트, 광고나 홍보 업무 등이 이 유형에 해당합니다. 폭력배형은 사람을 불쾌하게 만드는 직업입니다. 경쟁 기업이 하니까 우리도 한다는 이유만으로 존재하는 일이거든요.

(3) 이삭줍기형(Duct Tapers)은 뭔가 문제가 생겼을 때를 대비해 만든 직업입니다. 예전에 대학 연구실의 선반이 망가져 수리를 의뢰한 적이 있습니다. 수리회사에 전화했더니 기술자가 갈 때까지 선반은 그대로 두라고 하더군요. 그런데 아무리 기다려도 기술자가 오지 않았어요. 수리하러 찾아온 시기는 의뢰한 지 2주나 지난 뒤였습니다. 그동안 저는 매일 수리회사에 전화했는데 어김없이 같은 사람이 전화를 받고 사과를 했습니다. 전화 응대원은 좋은 사람이긴 했지만, 아무튼 그때 떠올린 거예요.

왜 전화 받는 사람 대신 기술자 1명을 더 고용하지 않을까? 이처럼 사과하기 위해서만 존재하는 수많은 일이 이삭줍기형입니다.

(4) 관료형(Box Tickers)은 옛날부터 쓰던 표현입니다. 실제로는 하지 않는 업무를 마치 열심히 하는 것처럼 보여주는 일입니다. 은행 등 많은 기업에는 준법관리부서(Compliance)가 있는데, 실제로 법령 준수 같은 업무는 전혀 하지 않지만 어떻게든 하고 있는 것처럼 보이기 위해 존재합니다. 법령을 준수하는 것처럼 보이려면 누군가 사람을 내세워야 하기 때문이죠. 준법관리부서는 절차를 중요시하는 관료적인 부분이지만 기업 내에도 관료형 일은 존재합니다.

(5) 중간 관리자형(Task Makers)은 매우 흥미로운 유형입니다. 이 유형의 업무에는 2종류가 있습니다. 감시할 필요가 없는 사람을 감독하는 것, 다른 사람에게 불시트 잡스를 만들어주는 것입니다. 이 둘은 상호 간에 밀접한 관계가 있습니다.

중간 관리자는 부하 직원의 일을 감독하는 지위입니다. 하지만 과거에 이미 자기도 같은 일을 해봐서 감독 역할은 필요 없다는 사실을 잘 알고 있습니다. 상사가 있든 없든 부하 직원들의 일은 변하지 않을 거라는 딜레마를 끌어안게 되지요. 그래서 고민한 상사는 부하 직원이 산출한 결과의 양을 평가하는 기준을 만들고 감시를 합니다. 부하 직원은 자기 평가를 위해 본래 업무를 중단하고 서류 작성과 부수적인 일들로 바빠집니다. 급기야 업무가 밀려서 자기 평가의 시간을 낼 수 없는 악순환에 빠지고 맙니다. 바빠서 생산성이 떨어진 상태에서 생산성을 평가해야 하기 때문에 결국 중간 관리자형의 악순환으로 이어지는 것입니다.

5가지 불시트 잡스 유형의 공통 요소는 무엇입니까.

그 일을 하던 사람이 없어도 아무런 불편이 없거나 어쩌면 세상이 조금 나아질지 모른다는 사실을 불시트 잡스 종사자 본인이 잘 알고 있다는 점입니다.

그렇군요. 결국엔 쓸데없는 일들이 자꾸 늘어나는 것은 처음부터 일에 대한 우리의 가치관이 잘못되었기 때문이네요.

그렇습니다. 생산적이라는 말의 의미를 무언가 제조하는 것으로 인식하는 사람이 많은 것 같은데 꼭 그렇지 않습니다.

그래서 저는 컵 하나를 만들고 1,000번 씻는 일을 종종 이야기합니다. 왜 우리는 컵 만드는 일을 씻는 일보다 더 모범적인 노동이라고 인정할까요. 노동의 대부분은 사물을 변화시키는 게 아니라 항상 같은 상태로 유지하는 일입니다.

특히 여성에게 강요하는 일의 대부분은 정당한 보수를 지급하지 않습니다. '케어링 레이버(Caring Labor: 남을 돌보는 노동)'는 대가를 얻지 못하는 일이 잦지만 노동자 계급이 담당하는 일의 커다란 구성 요소입니다.

일례를 들어보겠습니다. 런던 지하철의 개찰구는 자동입니다. 이론적으로는 자동이니까 역에 사람이 없어도 되지만 정말 그럴까요. 아이가 역에서 길을 헤매면 누가 도와줄 것인가. 만약 의료 조치가 필요한 긴급 사태가 발생하면 어떻게 할 것인가.

아무리 자동화되어도 만일의 상황을 고려하면 결국 인간이 필요하다는 말씀이시군요.

자동화가 진행되면 될수록 인내심 있는 일이 필요해집니다. 그것이 '케어링 레이버'이지요. 환자, 미아, 치매에 걸린 사람을 돕고 싸움을 중재하는 유의 일은 비록 로봇이 할 수 있게 된다고 해도 많은 사람이 싫어하지 않을까요. 로봇처럼 정형화된 방식으로 처리하길 원치 않으니 말입니다. 그런데 이 분야는 컴퓨터 기술이 도입되고 나서 불시트 잡스가 한층 늘어나고 있습니다.

컴퓨터 기술의 도입으로 모든 것을 단순히 Ⓐ에서 Ⓑ로 전환하는 작업이 늘어났습니다. 이제는 질적 경험을 양적으로 바꿔야 하지요. 이런 곡예가 가능한 것은 인간뿐입니다. 컴퓨터 작업이 늘어날수록 본질적인 업무를 할 시간만 줄어드는 것이지요.

●

일은 힘든 것이라는 편견이 사회를 좀먹는다

AI가 여러 일자리를 빼앗는다고 걱정하기 전에 불시트 잡스를 먼저 없애야 할까요.

AI는 이미 많은 일자리를 없앴습니다. 마음만 먹으면 자동화할 수도 있지만 실현하지 못하는 이유는 누군가를 같은 자리에 계속 앉히기 위해서입니다. 실제로 그 누군가는 기계로 대체되어도 전혀 알아채지 못할 겁니다. 우리는 노동 시간 단축이 아니라 단순히 사람을 바쁘게 만들기 위해 의미도 없는 일자리를 만들어내고 있으니까요.

관리직은 불시트 잡스인 경우가 많잖아요. 정말로 필요한 블루칼라의 월급을 높이고 관리직의 월급을 줄일 수는 없을까요.

좋은 질문입니다. 기술의 보유 유무로 월급이 결정된다지만 관리직은 특별한 기술이 필요하지 않습니다.

많은 경제학자가 수요와 공급의 균형으로 인해 그렇게 정해져 있다고 하지만 저는 그렇게 생각하지 않습니다. 미국의 사례입니다만 기업 변호사가 남아도는 한편 간호사는 부족한데 기업 변호사가 월등하게 높은 보수를 받습니다. 따라서 월급은 수요와 공급이 아니라 '사회 계급에 의한 권력(Class Power)'과 연관 있는 것이지요.

그뿐 아니라 사람들은 무언가 도움이 되는 일을 하면 굳이 많은 월급을 받지 않아도 된다고 생각합니다. "교사의 월급이 너무 많으면 탐욕스러운 사람이나 돈벌이 수단으로 아이를 돌보려는 사람이 교사가 된다"라는 이야기도 있습니다. "은행원의 월급이 너무 많으면 우리 돈을 노리고 예금을 다루는 사람이 모여든다"라고는 말하지 않으면서요. 도리어 돈을 노린 은행원이 훨씬 위험하지 않습니까.

영국에서는 재정 긴축으로 임금이 삭감되는 분야는 경제 파탄을 일으킨 은행가가 아니라 구급차 운전사, 간호사, 교사, 승무원 같은 사회에 도움이 되는 직종입니다. 고상하고 다른 사람들을 위해 존재하며 누군가에게 도움이 되는 기쁨을 바라는 직업, 그렇게 헌신적이라면 임금 삭감도 헌신적으로 받아들이면 안 되느냐고 하면서요.

　미국의 자동차 업계에서도 유사한 사태가 발생했습니다. 불황에 빠졌을 때 "원인은 자동차 업계에 있다, 그들이 희생양이되어 임금을 삭감해야 한다"라는 목소리가 나왔습니다. "다른사람의 도움이 되는 것만으로 충분하지, 중산층의 생활까지 원하는가?" 하는 원망에 가까운 말을 들었습니다.

《Bullshit Jobs》를 읽고 전 세계 사람들이 조금이라도 노동에대한 인식을 바꿨으면 좋겠습니다.

그렇게 되기를 바랍니다. 제가 여러 사람의 목소리에 귀를 기울이며 흥미로웠던 사실은 모두가 "자기 일에는 사회적 가치가 없다"라고 말한 점입니다. 하지만 저는 대체 사회적 가치란 무엇을가리키는 것일까 하는 의문이 들었습니다. 모두 가치가 없다고스스로 판단을 내렸으니 더는 논란의 여지가 없는 게 아닌가, 이대로라면 아무도 구해낼 수 없고 가치도 생기지 않는다, 그렇다면 그들은 무언가 다른 사람을 위해 일하기를 바라는가 하는 생각이 들었죠.

　이번 조사를 통해 '케어기빙(Caregiving)'의 개념을 노동의 중요한 요소로 삼아도 괜찮겠다는 사실을 알게 되었습니다. 페미니스트들이 지적하는 것처럼 모든 노동은 어떤 의미에서 보면 '케어기빙'입니다. 사람이 다리를 만드는 이유는 누군가에게 강을 건너게 해주고 싶어서입니다.

우리는 일의 소중한 의미가 무엇인지 되짚어봐야 합니다. 일은 힘들고 괴로운 것이다, 괴로움은 진정한 어른의 훈장이다, 책임감 있는 사람이 되자 등…. 현대인의 노동관은 무척 비틀어져 있습니다.

우리는 모두 최대의 혜택을 받고 싶다고 계산하는 기묘하게 쾌락주의적인 철학을 갖고 있습니다. 동시에 하루에 8시간의 노동을 견디면 남은 몇 시간은 자신의 즐거움을 위해 보내도 좋다는 자기희생적인 생각도 갖고 있습니다. 꽤나 뒤틀린 인생관입니다. 이런 생각을 계속하다 보면 자신의 몸은 물론 나아가 사회도 망가지고 맙니다. 이제 제대로 재고해야 할 시기가 왔습니다.

Chapter 4

성장을 추구하는
경제학이 세계를 파괴한다

자본주의의 진보를 믿어라

경제는 성장하지 않아도 기능할 수 있습니다. 실제로 중세 시대까지 경제 성장률은 줄곧 제자리걸음이었습니다. 하지만 급속한 경제 성장에 깜짝 놀란 우리는 그 후 경제 성장을 아주 당연한 것처럼 기대하게 되었지요.

Tomáš Sedláček

토마스 세들라체크

토마스 세들라체크

1977년생. 체코공화국 경제학자. 체코공화국이 운영하는 최대 국립 상업은행의 하나인 CSOB의 수석 거시경제 전략가로 활동했다. 체코공화국 국가 경제위원회 전 멤버이기도 하다. 독일어권에서 가장 오래된 대학으로 불리는 프라하 카렐대학교에 재학 중이던 24살의 나이에 체코의 초대 대통령 바츨라프 하벨(Vaclav Havel)의 경제 고문으로 선정되어 주목받았다. 2006년 예일대학의 〈예일 이코노믹 리뷰〉에서 가장 촉망받는 경제학자 5명 중 한 명으로 선정되었다. 주요 저서인 《선악의 경제학(Economics of Good and Evil)》은 체코공화국에서 베스트셀러가 되었고 곧바로 15개국 언어로 번역되었으며, 2012년 독일의 최우수 경제·경영 도서상을 수상했다.

토마스 세들라체크는 체코공화국의 경제학자다. 하지만 우리가 생각하는 전형적인 경제학자와 거리가 먼 이질적인 재능과 색깔을 지닌 학자다. 그래서 경제학자들로부터 가장 미움을 받고 소외당하는 존재다.

《선악의 경제학》은 체코공화국에서 베스트셀러가 되었고 곧바로 15개국 언어로 번역되었다. 《성서》에는 "뱀은 여호와 하나님이 지으신 들짐승 중에 가장 간교하니라 … 여자(하와)가 그 나무를 본즉 먹음직도 하고 보암직도 하고 지혜롭게 할 만큼 탐스럽기도 한 나무인지라 여자가 그 열매를 따먹고 자기와 함께 있는 남편(아담)에게도 주매 그도 먹은지라 … 하나님이 그 사람을 쫓아내시고 에덴 동산 동쪽에 …"라는 아담과 이브의 이야기가 나오는데, 그는 이 책에서 그리스 신화의 판도라 상자와 함께 이 이야기를 다룬다.

"이 세상에 악을 불러온 것은 인간의 욕망과 호기심이며 특히 지나친 욕구와 탐욕, 즉 좋지 않은 본성 때문이다"라고 주장한다.

●

이 책의 공통된 주제 중 하나는 자본주의다. 지금 선진국에서는 빈부의 격차가 확대되고 있는데, 그 모든 악의 근원이 마치 자본주의라도 되는 듯이 철저하게 자본주의를 비판한다.

세들라체크를 인터뷰한 이유는 다름 아닌 《프로이트의 소파에 누운 경제 (Lilith und die Dämonen des Kapitals)》에 대한 이야기를 듣기 위해서다. 저널리스트인 올리버 탄처(Oliver Tanzer)와 함께 쓴 책이지만 중심 내용에는 세들라체크의 사상이 담겨 있다.

자본주의를 정신분석학 이론으로 풀어간다는 점에서 이 책은 매우 독창적이다. 지금까지의 경제학 관점에서는 전혀 찾아볼 수 없던 부분을 조명한다.

세들라체크는 문제의 기원은 시스템이 아니라 인간의 본성에 있다고 주장하며, 숫자나 수학에 중점을 둔 기존의 경제학을 일축한다. 정신과 영혼을 무시한 경제학의 결함이 문제를 일으키고 있다고 지적하는 세들라체크는 "2008년 금융 위기가 터지기 전에는 경제학자들이 저를 창문으로 내던지려고 했습니다"라고 말하며, 하지만 금융 위기가 터진 그다음 날에는 "우리가 바보였다. 당신들이 현명했다. 위기가 올 줄 전혀 몰랐다"라는 고백을 받았다고 한다.

바람직한 경제 시스템의 이상적인 모습은 수학이 아니라 인간의 본성에 적합한 것이어야 한다. 경제 분석이 불안과 공포 등 인간의 정신적인 부분을 무시한 것이라면 그것은 단순한 탁상공론에 불과하다.

이처럼 세들라체크는 자본주의는 시대에 따라 변한다고 말한다. 그가 생각하는 이상적인 자본주의는 어떤 모습인지 그의 주장에 귀기울여보자.

세계는 공산주의화되어가는가

최근 자본주의는 그보다 더 뛰어난 시스템을 찾지 못했다는 의미에서 "최악의 시스템 중 최선의 시스템"이라고 주장하는 지식인들이 늘고 있습니다.

최근에 자주 언급되는 주장이긴 합니다만, 자본주의가 무엇인지를 정의하는 일은 무척 어렵지요. 요즘 그런 주장은 공산주의라는 뜻으로 쓰이는 일이 많습니다. 여기서 말하는 공산주의란 누가 부자이고 누가 가난한지 상관없이 어떤 것을 모두가 함께 공유한다는 의미입니다.

예로부터 날씨는 모두 함께 공유하는 것이었어요. 요즘은 코카콜라가 그렇습니다. 부유한 사람이라고 해서 가난한 사람보다 더 맛있는 코카콜라를 마실 수는 없으니까요.

맛을 잘 알고 있어서죠. 참 알기 쉬운 예군요.

인터넷도 그렇습니다. 제 아들은 11살이지만 빌 게이츠와 똑같은 휴대전화를 씁니다. 유럽에서는 누구나 동등한 헬스케어를 받습니다. 이 역시 부자인지 가난한지는 상관없지요. 이처럼 무엇이 자본주의적이고 무엇이 공산주의적인지를 구분하기는 매우 어렵습니다.

'이것이 자본주의다' 하고 단순하게 단정지을 수는 없다는 얘기 군요.

요지는 자본주의는 변한다는 사실입니다.

20년 전의 자본주의와 지금의 자본주의는 다릅니다. 200년 전의 자본주의는 지금과 훨씬 다른 모습이었지요. 상당히 끔찍한 유형의 자본주의였습니다.

200년 전이었다면 저는 마르크스주의자가 되었을지 모릅니다. 어린아이가 가혹한 노동으로 죽어나가던 시대였으니까요. 한편으로 마르크스가 지금 시대에 살아 있다면 자본주의 국가에서 살고 싶다고 생각할지 어떨지 궁금합니다. 아주 흥미로운 질문이죠.

현대의 자본주의 국가에서는 마르크스가 지향하던 누구에게나 매우 쾌적한 생활을 영위할 수 있지만, 그의 사상과는 동떨어져 있습니다. 그렇다고 마르크스가 중국이나 북한 같은 공산주의 국가에서 살고 싶어 할까요?

거대한 분기점

●

자본주의는 비판받기를 원한다

오스트리아 출신의 경제학자 조지프 슘페터가 주장한 말이지만 자본주의의 결점은 스스로 비판받기를 원하는 유일한 혹은 소수의 이데올로기 중 하나라는 것입니다.

현대에는 그리스도교를 비판해도 화형에 처하게 될 걱정이 없지만, 그리스도교는 여전히 비판에 관용적이지 않습니다. 그런데 자본주의는 오히려 비판받기를 원하지요. 실제로 자본주의를 비판하면 큰돈을 벌 수 있습니다. 수많은 철학자가 자본주의를 비판하는 일로 돈을 벌고 있습니다.

하지만 저는 자본주의의 진보를 믿습니다.

무언가를 죽이는 것은 좋은 일이라고 생각하지 않아요. 이 문제로 문화인류학자인 데이비드 그레이버와 격론을 나누며 완성한 《Revolution oder Evolution: Das Ende des Kapitalismus?》를 발표했습니다.

우리 경제에 좀비 같은 부분이 있다는 이야기로 토론했습니다. 저는 좀비에게 새로운 심장을 이식해 생명을 불어넣어야 한다고 주장했지만, 그레이버는 좀비를 죽여야 한다고 했습니다.

문예평론가의 사례를 들어보겠습니다.

문예평론가는 문학이 좋아서 조금이라도 더 좋은 작품을 만들자는 마음으로 문예평론을 합니다.

저는 자본주의 비평가입니다.

무슨 일이 있어도 자본주의를 향상시키고 싶습니다. 자본주의가 변모해 커뮤니테리어니즘(Communitarianism: 개인에 대한 공동체의 존재론적 우위를 주장하는 정치사상)이 되는 방법은 여러 가지가 있습니다.

보험이 그렇습니다.

보험은 조금은 공산주의적이지요. 스스로 책임을 지지 않고 다른 누군가에게 책임을 떠넘기니까요. 만약 내가 자동차 사고를 내도 다른 사람이 비용을 대죠.

슘페터는 언젠가 모든 사람이 서로 간에 보험을 가입하는 시대가 올 거라고 전망했습니다. 저는 언젠가 모든 사람이 비즈니스에도 보험을 가입하는 시대가 올 거라고 생각합니다. 비즈니스에 들어가는 보험이란 세금이지요.

현대 사회는 절반은 계획 경제, 절반은 시장 경제로 이뤄져 있다고 볼 수 있습니다.

그러나 그것이 앞으로는 아주 조금 변할지, 즉 계획 경제의 비율이 높아질지 모릅니다.

거대한 분기점

정신분석학의 관점에서 경제를 바라보다

왜 최근 들어 자본주의를 비판하는 사람이 늘어날까요.

그들은 경제 구조를 비판하는 게 아니라 우리가 경제에 대해 얼마나 무지한지를 놓고 비판한다고 생각합니다. 우리는 모든 상품에 가격이 붙어 있는 것은 이해하지만 그 가격이 어떻게 결정되고 어떻게 변동되는지 잘 알지 못합니다.

자본주의는 비판받기를 원합니다. 다시 말해 지금은 완전한 시스템이 아니지만 제대로 교정하면 완전해질 수 있다는 의미지요. 공산주의는 교정할 수 없는 시스템이지만 자본주의는 계속 비판하고 바꿔나가야 하는 시스템입니다.

30년 전에는 그린 무브먼트(Green Movement: 환경 보호 활동)라는 고래 잡는 일을 금지하는 활동과 함께 자본주의 비판 운동을 펼치는 소수의 과격파라는 인상이 짙어 아무도 진지하게 받아들이지 않았습니다. 지금은 상당히 본격적인 정치 세력으로 성장했습니다. 매우 정직한 비즈니스의 세력으로 개인들에게도 힘이 되고 있지요.

저는 종이와 플라스틱 분리수거 따위는 '하지 않겠다'라고 생각했지만, 지금은 성실하게 분리수거하고 있습니다. 우리는 충분히 배울 수 있습니다. 변화가 가능하다는 말이지요. 그렇게 해서 자본주의의 나쁜 면을 사라지게 해야 합니다.

당신은 경제학을 조현병 관점에서 보시는군요. 정신분석학의 접근법을 원용해 경제학이 빠지기 쉬운 오류를 비판적으로 검증하는 거죠.

그렇습니다. 저는 '경제'가 아니라 어디까지나 '경제학'을 비판하고 있습니다. 이 둘을 명확하게 구분할 필요가 있습니다.

저널리스트인 올리버 탄처와 함께 쓴 《프로이트의 소파에 누운 경제》에서 저는 사회를 (1) 육체, (2) 영혼, (3) 정신 3가지로 나눴습니다. 육체는 실물 경제로 펜이나 트랙터, 의자 같은 것입니다. 영혼은 법률이나 화폐 같은 제도로 실제 존재하지 않지만, 존재(육체)를 구성하는 요소입니다.

사회를 구성하는 콘셉트(개념)를 말씀하시는군요.

바로 콘셉트입니다. 법률, 교육, 돈, 은행 등 온갖 종류의 제도가 포함됩니다. '경제학'도 제가 말하는 경제의 제도, 즉 '영혼'의 영역에 들어갑니다.

책에서 경제학은 경제 구조를 연구하는 학문인데, 실물 경제는 그러한 경제학의 영향을 받는다고 말씀하셨잖아요. 다시 말해 영혼의 병이 육체에 악영향을 끼치고 있다고.

맞습니다.

그렇다면 '정신'이란 무엇일까요. 무언가를 원하는 것입니다. 어떻게 원하는지는 모르겠지만 원하는 거예요. 케인스가 말한 그 유명한 애니멀 스피릿(Animal Spirit: 야성적 충동. 비합리적이고 예측 불가능한 충동적 행동)도 그렇지요.

당신의 생각을 제 나름대로 해석하면 경제의 '정신' 부분에 주목해 경제학(영혼) 나아가 경제(육체)를 재정비하겠다. 그것이 자본주의 재생으로 이어진다. 어떤 의미에서 보면 인간의 선의를 믿으라는 말씀이신가요.

《성서》에 이런 장면이 나옵니다. 예수가 겟세마네(예루살렘 근처의 화원. 예수가 유다의 배신으로 끌려가기 직전에 자신의 운명을 예견하고 고민하던 곳)에 있을 때, 사도들은 깊은 잠의 유혹에 빠지고 말았습니다. 그 모습을 보고 예수는 "마음에는 원이로되 육신이 약하도다"라고 했지요. 이것이야말로 현재 경제학이 맞닥뜨린 상태라고 생각합니다.

정신적으로 준비는 되어 있으나 행동이 좀처럼 따르지 않는다는 얘기군요.

지금까지 스스로 '좀 더 나아지고 싶다'라고 여겨왔던 문명은 없었습니다. 중세 사람들은 이웃을 죽이는 일에 그다지 주저하지 않았지요. 만일 그리스가 300년 전에 파산했다면 우리는 그리스로부터 돈을 강탈하고 부를 약탈했을지 모릅니다. 지금은 진정으로 그리스의 GDP가 올랐으면 좋겠고 돕고 싶은 마음도 간절합니다.

독일 메르켈 총리의 두뇌로 알려진 제러미 리프킨(Jeremy Rifkin)은 철학자이자 경제학자라고 해도 좋을 듯한데 《공감의 시대(The Empathic Civilization)》라는 훌륭한 책을 썼습니다.

이 책에서 리프킨은 아주 설득력 있는 근거를 제시하며 "우리 사회는 선을 바라고 가난한 사람을 돕고 싶어 한다"라고 주장합니다. 약자나 노인이 길거리에서 죽기를 바라지 않고, 어린아이들이 대량으로 살해당하는 모습을 보고 싶어 하지 않습니다. 이처럼 우리는 아픔에 저항하려고 하지만 그것을 멈추게 하는 방법은 아직 모릅니다.

●

시장은 공정하지 않다

우리가 깊은 잠에서 깨어나 전 세계에 선의를 늘려가는 방법은 무엇이라고 생각하십니까.

자본주의의 추진력이 우리의 윤리적 감정과 정확하게 들어맞으면 자본주의는 완벽해집니다. 실제로 그렇지 않은 경우도 적지 않습니다. 대표적인 사례 중 하나가 국제 무역입니다.

제가 당신을 찾아가 1kg의 커피를 1달러에 판다고 가정합시다. 가난한 나라 출신인 제겐 적당한 가격이지만, 부유한 나라 출신인 당신은 1kg의 커피는 100달러라는 가격에 익숙합니다. 우리가 처음 만났다면 얼마가 적당한 선일까요. 판매 가격을 50달러로 하면 당신은 50달러가 남고, 저는 49달러가 더 들어오니 공정하지 않습니까.

이 질문을 학생들에게 해볼까요.

학생들은 50달러 이상으로 해야 한다고 말합니다. 80달러로 하면 내게 79달러가 더 들어오지만, 그래도 당신은 20달러를 아낄 수 있습니다. 많은 사람이 거래할 때 부자보다 가난한 사람이 더 받아야 한다고 여깁니다. 이것은 우리 내면에 담긴 숨겨진 감정일 것입니다.

저는 아동심리학자는 아니지만, 어린아이가 최초에 드러내는 본능적인 반응은 '정당하지 않아요(It's not fair!)'라고 생각합니다. 당신이 만약 아버지라면 아이에게 여러 번 들었을 법한 대사일 겁니다. 아이들은 정당하지 않은 것에 본능적으로 반응하거든요.

일본 아이들은 종종 "아빠 치사해" 하고 말하죠.

조금 전의 커피 가격은 공정하다고 말할 수 있는 가격이 50달러 이상입니다. 현실에서는 1달러, 오히려 1센트에 거래되기도 합니다. 가격 협상력을 쥔 쪽은 돈이 더 많은 사람이니 말입니다.

이 사실은 물가가 저렴한 국가에 가보면 금방 알 수 있습니다. 빵을 사러 가면 판매원이 "어느 나라에서 왔어요" 하고 물어봅니다. 당신과 친해지려는 의도뿐 아니라 어느 나라에서 왔는지에 따라 가격 수준을 결정하기 위해서죠. "일본입니다"라고 답하면 판매원은 "1개에 10달러입니다. 특별가예요"라고 말할 겁니다. 그러나 다른 사람에게 1달러에 판다는 사실을 알게 되면 일본인은 납득하지 못하지요. 오히려 속이려 했다며 화를 낼지 모릅니다.

그렇군요. 선의가 쪼그라든다니 정말 이상한 일입니다.

정당한지 그렇지 않은지는 당신의 판단에 맡겨 있으니 빵을 사지 않고 떠날 수도 있습니다. 하지만 상대방은 그럴 수가 없지요. 그래서 결국 당신은 빵을 1달러에 살 수 있는 겁니다. 이처럼 시장의 시스템은 강자에게 더 유리하게 돌아갑니다. 이것은 우리가 바꿔야 할 일입니다. 상대방에게도 공정한 가격이 되도록 말이지요.

●

보이지 않는 손은 시장이 아니라 사회에 존재한다

기존 경제학에는 서로 간에 가격을 정당하게 조정하자는 발상 자체가 없지요.

제가 경제학과 실물 경제의 관계를 '조현병'이라고 부르는 이유는 무엇인가를 원해도 최종적으로는 원했던 것이 아닌 다른 것으로 끝나기 때문입니다. 그것을 인정하지 않는다는 의미에서 좀처럼 갈피를 잡기가 어려워요.

경제학은 도덕성을 신경 쓸 필요가 없다고 주장하는 학파가 많습니다. 시장의 '보이지 않는 손'이란 애덤 스미스(Adam Smith)가《국부론》에서 사용한 말입니다만, 경제는 개인의 이익 추구에 맡기면 되고 나머지는 시장의 보이지 않는 손이 다른 사람도 그곳으로부터 혜택을 받을 수 있게 해준다는 주장입니다. 아직도 이 이론을 믿는 학파가 꽤 있습니다.

보이지 않는 손은 없다는 말씀이신가요.

저는 믿지 않습니다. 지금까지 사회가 불황에 빠졌을 때 사람들은 현실을 외면했습니다. 길가에 실업자가 넘쳐나도 못 본 척했지요.

경제와 사회의 관계는 오이디푸스 콤플렉스라고도 하셨는데 자세히 설명해주시겠어요.

오이디푸스 콤플렉스란 남자는 무의식중에 아버지를 죽이고 싶어 한다는 프로이트파의 주장입니다. 경제나 은행, 경제학자 등이 '아버지'이고 사회, 즉 일반 시민은 '남자'로 비유할 수 있습니다.

은행은 아버지 같은 얼굴로 "걱정하지 마, 네 돈은 소중히 모아뒀어. 내가 잘 돌볼 테니 안심하고 놀아라"라고 시민에게 말합니다. 웃음기 없이 성실하고 억제된 얼굴로 무엇이든 통찰하고 있는 존재, 그것이 아버지입니다.

프랑스의 철학자 자크 라캉(Jacques Lacan)도 프로이트의 사상을 발전시켜 '아버지'란 모든 것을 아는 존재, 신자들에게는 신 같은 존재라고 말합니다.

공장을 지으려고 할 때 시민은 먼저 은행에 찾아갑니다. "아버지, 돈을 조금 인출해도 될까요?" 은행은 "안 돼, 착실한 아이가 아니었으니까" 또는 "좋아, 착한 아이였으니까 돈을 줄게. 너를 믿어서야"라고 말할지 모릅니다. 그런데 어느 날 갑자기 은행이 망합니다. 2008년 리먼 쇼크처럼 말이지요. 그때 비로소 사회는 깨닫습니다. 현명해 보이던 아버지, 은행은 무능했다고. 경제 시스템을 지탱한다고 철석같이 믿었는데 사실은 그렇지 않다고.

시장의 보이지 않는 손은 믿지 않는다고 했지만 '사회의 보이지 않는 손'의 존재는 믿습니다. 1989년 혁명이 일어났을 때 정치를 구한 것은 예술입니다. 예술가들로부터 혁명이 일어나고 그것을 본 정치인들도 지금까지와 다른 일을 해야겠다는 생각에 많은 공산주의 국가에서 혁명이 발생한 것입니다.

●

성장지상주의는 사회를 병들게 한다

때로는 혁명을 일으키는 존재가 철학자일지 모릅니다. 예술이 궁지에 몰리면 사업가가 스폰서가 되어 예술을 구해낼 수도 있습니다. 사회가 능률을 중시하면 히피 문화가 발생하고, 관료적이면 프란츠 카프카(Franz Kafka)가 탄생합니다. 사회에는 편향을 수정하려는 기능이 있습니다. 하지만 아무런 수정을 하지 않고 지금 상태가 최고인 척하다 보면 보이지 않는 손은 사회가 아니라 시장에만 힘을 끼치겠지요. 하지만 시장은 사회의 아주 작은 일부분일 뿐입니다.

경제학자는 외부성만 문제로 삼습니다. '외부성'은 시장 거래에서 부차적인 효과가 시장을 경유하지 않고 거래 당사자 혹은 그 이외 제삼자에 끼치는 현상을 가리킵니다. '교육에 부정적 외

거대한 분기점

부성이 나타났으니 자금을 더 투입해야 한다'는 것처럼 무엇이 맞고 무엇이 틀리는지 마치 경제학자가 재판관인 듯 모든 일을 결정합니다. 시장 그 자체가 외부성인데도 말이죠.

거래 장소에서 구매자는 판매자의 의지, 즉 '이 펜을 2달러에 팔고 싶어. 그래야 그 돈으로 다른 걸 살 수 있으니까' 하는 마음만 상대합니다. '이 거래를 발판으로 펜 시장을 활성화하겠다'라는 구매자의 의사는 상대하지 않습니다. 시장의 흐름에 맞춰 증세 같은 정책이 결정되므로 시장 그 자체가 외부성인 것이지요.

단적으로 기존 경제학의 오류는 어딨을까요.

《프로이트의 소파에 누운 경제》에서 정신건강의학과 의사가 되어 경제라는 환자를 진료하며 오류를 찾아내려고 시도했습니다. 경제학을 소파에 앉혀놓고 물어보았습니다. "당신이 원하는 것은 무엇입니까? 꿈은요? 혹시 무서운 게 있나요?"

경제학이 "성장하고 싶어"라고 말했다고 합시다. 그 성장이라는 가치관이야말로 우리가 주목해야 할 사회에 존재하는 수많은 질병으로 이어집니다.

'현실을 외면하고 아닌 척하는 모습'도 질병의 하나입니다. 경제학에는 숫자가 많이 나오는데 숫자로 설명할 수 있는 것밖에 못 보는 증상은 자폐증입니다. 저는 항상 방정식을 풀어서 나오는 정답으로는 아무것도 해결할 수 없다고 주장합니다. 숫자로 표현할 수 있는 가치만 계산했기 때문입니다. 그래서는 완벽한 해답을 도출해내기 어렵죠.

지금 입고 있는 재킷은 가치가 있습니다. 30달러에 팔릴지 모르지요. 세상에는 우정이라는 가치도 있습니다. 우정은 이 재킷보다 훨씬 가치가 높지만, 가격을 매길 수는 없어요. 우정에 가격을 매긴다면 모든 게 붕괴할 겁니다.

사회에는 여러 가치 체계가 있지만, 가격을 붙일 수 있는 것과 그렇지 않은 게 있다는 말입니다. 그런데 숫자로 나타낼 수 있는 것만 계산하면 답은 항상 틀리고 맙니다. 이것이 바로 경제학의 가장 큰 병입니다.

사회를 일부분밖에 보지 못한다는 말씀이시죠.

전체적인 큰 틀에서 성장을 살펴봅시다. 당신이 제게 "체코 경제는 어떻습니까" 하고 물었다고 합시다. 저는 "잘 돌아가고 있어요. 성장하고 있습니다"라는 식으로 대답하겠지요. 경제학자가 흔히 하는 대답이에요.

(1) 우리 둘이 함께 아는 친구 '잭'이 있다고 합시다. 당신이 제

게 "잭은 어때?"라고 묻자 제가 "응, 성장하고 있어"라고 대답한다면 당신은 '잭은 어린아이인가 보네'라고 생각하겠지요. 즉 경제가 성장한다는 말의 의미는 우리가 경제를 어린아이처럼 취급한다는 것을 뜻합니다. 이것이 경제학의 첫 번째 병입니다.

(2) 경제학의 두 번째 병은 경제를 매우 빠른 속도로 이끌어지쳐 쓰러지게 만드는 것입니다. 그런 시스템을 만든 장본인은 인간입니다. 성장이 경제의 자연스러운 상태라고 착각하기 때문에 그렇게 된 것이지요.

경제는 성장하지 않아도 기능할 수 있습니다. 실제로 중세 시대까지 경제성장률은 줄곧 제자리걸음이었습니다. 급속한 경제성장에 깜짝 놀란 우리는 그 후 경제 성장을 당연한 것처럼 기대하게 되었지요.

각국의 연금 제도는 장기적으로 약 2%의 성장을 전제로 설계되었습니다. 큰 오류입니다. 하지만 이것은 경제의 문제가 아닙니다. 바로 경제학의 문제입니다. 애당초 지금까지 20년 동안 평균 2% 성장을 해왔다고 그것이 앞으로 20년 동안 계속된다고 볼 수는 없지요. 어린아이가 20년 동안 성장했다고 앞으로 영원히 성장할까요.

성장을 전제로 한 경제학은 잘못된 제도 설계로 이어져 사회를 붕괴시킬 위험에 빠지게 하는 거군요.

친구에게 이런 생각을 이야기했더니 "안이하다"는 소리를 들었습니다. 하지만 경제가 매년 2%씩 성장한다는 게 더 안이한 생각 아닌가요. 경제는 계속 성장한다고 《성서》나 《코란》에 적혀 있습니까.

이처럼 안이한 생각은 마치 날씨가 좋을 때만 띄울 수 있는 돛단배와 비슷합니다. 훌륭한 배가 아니에요. 폭풍우가 오면 어떻게 할 것인가. 바람이 멈추면 어떻게 할 것인가. 이것은 매우 근본적인 문제입니다.

우리는 '영혼' 즉, 모든 사회 제도를 지속 성장이라는 전제하에 만들었습니다. 이렇게 해서 경제학의 첫 번째 병이 두 번째 병으로, 결국 사회의 파탄을 초래하게 되겠지요.

(3) 경제학의 세 번째 병은 의지가 있는 사람이 많은 것을 얻고, 의지가 없는 사람은 적게 얻는다는 것을 전제로 합니다. 격류 같은 경쟁 속에서 순수 자본주의는 금방 최고의 수영 선수를 선별합니다.

하지만 우리는 사회 구성원 중 아무도 물에 빠지지 않도록 서로 도와야겠지요. 승자가 많은 부를 얻는 순수 자본주의에서는 다른 사람을 도와야 한다는 진리가 잊혀버립니다.

공정하게 경쟁하는 사회

《프로이트의 소파에 누운 경제》에서 그간 경제학자들이 경제의 영혼과 정신 부분을 무시해왔다는 중요한 지적을 했는데 주변 반응은 어떻습니까.

재미있는 이야기를 하나 할까요? 몇몇 경제학자로부터 "세들라체크는 정신주의시네요. 우리는 정신과 관련한 이야기는 전혀 하지 않습니다. 과학으로서의 경제학, 숫자로 측정할 수 있는 진지한 이야기만 합니다"라고 하더군요.

그래서 저는 "그럴 리가 있나요. 경제학자들은 끊임없이 정신에 관한 이야기를 나눕니다. 경제학은 정신적인 학문 분야입니다. 당신들은 '애니멀 스피릿'을 믿지 않습니까. 케인스가 말한 것처럼 그것이 없으면 경제는 기능할 수 없지요" 하고 대꾸했습니다.

경제학자가 상아탑에만 틀어박혀서는 안 된다는 말씀이시죠.

저 같은 학자나 당신 같은 언론인의 역할은 사회의 보이지 않는 손을 믿고, 분야를 가로막는 울타리를 넘어 자유롭게 의사소통

할 수 있도록 만드는 일입니다. 가능한 한 수학적인 언어를 쓰지 않는 게 좋죠.

2008년 금융 위기가 터지기 전에는 경제학자들이 저를 창문으로 내던지려고 했습니다.

경제학자들은 "경제학이야말로 과학의 여왕이며 다른 분야는 진정한 과학이 아니다. 정치인들은 모두 바보"라고 주장했습니다. 하지만 금융 위기가 터진 그다음 날에는 "우리가 바보였다. 당신들이 현명하다. 위기가 올 줄 전혀 몰랐다"라는 고백을 받았습니다.

마지막 질문입니다. 당신이 생각하는 가장 이상적인 자본주의는 어떤 모습입니까.

사고 나서도 아주 만족하는 상품 같은 상태가 이상적입니다. 불만도 없고 반품할 생각도 없는 그런 상품이요.

이번에 새로 나올 책에서 저는 천국을 고찰했습니다. 그리스도교·유대교·이슬람교의 천국, 〈반지의 제왕〉이나 〈매트릭스〉가 그리는 이상향을 비교 분석했습니다. 비록 허구라 해도 지금까지 완벽한 천국을 그려낸 적은 없어요.

개인적으로 완벽한 천국이란 누구나 게임을 즐기는 사회가

거대한 분기점

아닐까 합니다. 우리 인간은 경쟁하는 것을 좋아합니다. 자본주의라서가 아니라 모든 일이 그렇게 돌아가죠. 스키든 음악이든 누가 최고이고 누가 팬이 많은지 경쟁하지요.

두 아이를 방에 두면 무언가 경쟁을 시작합니다. 이것은 경제학과 아무런 관계가 없는 일이에요.

인간의 본성이군요.

그렇죠. 경쟁은 참 좋은 일이에요. 우리를 향상시켜주니까요. 《성서》의 "철이 철을 날카롭게 하는 것 같이(Iron sharpens iron)"라는 표현은 사람도 서로 절차탁마하면 강해진다는 뜻이기도 합니다.

다만 어떤 게임이든 다시 한번 겨루고 싶은 마음이 드는 방법으로 경기를 진행해야 합니다. 테니스 시합에서 패했더라도 "아주 재미있는 경기였다" "공정한 게임이었다"고 말할 수 있어야 합니다. 자신을 더욱 단련하면 언젠가 상대를 꺾을 기회가 있다는 사실을 알릴 필요가 있습니다. 그렇지 않으면 다시는 테니스를 치고 싶지 않을 테니까요.

공평한 것이 무엇보다 중요하죠.

어떤 게임이든 처음에는 공정하게 시작합니다. 모노폴리 게임에서는 누구나 같은 금액과 같은 주사위로 게임을 시작합니다. 트럼프 게임도 그렇지요. 점점 게임이 진행되면 누군가 유리해집니다.

당신이 아주 영리한 사람이라면 5번에 1번은 제가 이기게 해주거나 어린아이와 연습 게임을 하면 이길 기회를 줘서 노력하면 승리할 수 있다는 환상을 만들어줘야 합니다.

제가 가진 사회 이미지는 케인스의 사고방식과 매우 유사합니다. 언젠가 사회가 풍요로워지고 테크놀로지도 발전해 인간이 인간으로서 해야 하는 운명적인 것을 이뤄내는 사회 말입니다. 생계를 유지할 수단이 무엇인지 고민하지 않아도 되는 그런 사회입니다.

누구나 자기가 하고 싶은 일, 존재 의의를 느끼게 해주는 일을 하는 게 가장 이상적입니다. 지금 사회는 그 이상에 점점 다가가고 있다고 생각합니다.

당신이 억만장자가 되어 돈 걱정을 하지 않아도 된다고 가정합시다. "그래도 지금과 똑같은 일을 하실 겁니까?" 하고 질문하면 현대 사회에는 하겠다고 대답하는 사람이 많지 않을까요. 예술가, 철학자, 사상가…. 당신도 그럴 거고 아마 저도 돈 걱정을 할 필요가 없더라도 지금 하는 일을 계속할 겁니다.

케인스는 1930년에 논문 〈손주 세대의 경제적 가능성 (Economic Possibilities for Our Grandchildren)〉을 발표하고 100년 후를 전망했는데 제가 지금 말한 것과 같은 이미지를 떠올렸다고 생각합니다.

앞으로 10년이면 2030년입니다만 곧 그런 사회가 찾아올 겁니다. 이미 지금도 자신의 천직에서 일하는 사람이 우리 사회에 존재하니까요.

Chapter 5

테크놀로지가
노동자의 격차를 벌린다

디지털 경제에 적응할 새로운 사고 모델이 필요하다

극소수의 상위층은 전에 없이 부유해진 반면 대다수 사람은 굶지 않지만, 근근이 생활을 이어가는 격차 사회가 되었습니다. 미국도 그렇고 일본도 그렇습니다. 서민들도 테크놀로지의 혜택을 누리며 나름대로 행복한 삶을 살겠지요. 하지만 예전 같은 고도성장은 경험할 수 없습니다. 부모나 조부모 세대와 비교해 수입이 2배, 4배로 뛴다든지 과거의 미국이나 일본을 되돌아보며 나라 전체가 이만큼 부유해졌다고 회상할 만한 성장은 이제 없을 겁니다.

Tyler Cowen

타일러 코웬

타일러 코웬

1962년생. 미국 버지니아주 조지메이슨대학교 경제학부 교수. 영국 잡지 〈이코노미스트(The Economist)〉가 한 설문 조사에서 최근 10년 동안 가장 영향력 있는 경제학자 중 한 명으로 꼽혔다. 격월간 외교 전문 잡지인 〈포린 폴리시(Foreign Policy)〉는 '세계 100대 사상가'로 선정하기도 했다. 주요 저서로 《거대한 침체(The Great Stagnation: How America Ate All the Low-Hanging Fruit of Modern History, Got Sick, and Will (Eventually) Feel Better)》《4차 산업혁명, 강력한 인간의 시대(Average is Over)》《The Complacent Class: The Self-Defeating Quest for the American Dream》 등이 있다.

타일러 코웬은 현재 조지메이슨대학교 경제학부 교수다. 〈이코노미스트〉가 2011년에 전문가를 대상으로 한 설문 조사 결과, 최근 10년 동안 가장 영향력 있는 경제학자 36명 중 한 명으로 선정했다.

연구실에서 취재진을 반갑게 맞아준 코웬은 간간이 유머를 섞어가며 스스럼없이 질문에 답했다. 테크놀로지 실업에 대해서는 "AI의 도입으로 발생할 가장 큰 위험은 기술이 있느냐 없느냐에 따라 격차가 벌어지는 점이다. 고용 기회가 줄어들 것이라는 점은 그렇게 걱정하지 않아도 된다"라고 단언했다. 또한 "역사적으로 어느 시기라도 50년 혹은 100년 단위로 기간을 잘라 보면 경제가 성장할수록 많은 일자리가 사라지고 다른 일자리로 대체되었다"며, 일자리가 소멸하고 새로운 일자리가 출현하는 현상은 지금 시작된 게 아니라 '경제적 대사'에 지나지 않는다고 주장했다.

●

그의 주장을 조금 더 이해하기 쉽도록 책을 간단히 소개하겠다.

〈뉴욕 타임스〉에 연재 중인 칼럼 'Economic Scene'은 미국 전역에서 큰 인기를 얻고 있다. 2011년에 출간한 《거대한 침체》에서 코웬은 기탄없는 직언으로 화제를 모았다. 현재 일본은행 부총재인 와카타베 마사즈미(若田部昌澄)는 "이 책의 재미와 혁신성은 경제 위기 이후 미국 내에서 경제 논쟁의 초점을 바꾼 점이다"라고 말했다. 2014년에 발간한 《4차 산업혁명, 강력한 인간의 시대》에서는 또한 '테크놀로지 실업에 빠지지 않으려면 무엇을 준비해야 하는가'라는 현대인의 절실한 물음에 답한다.

격차가 확대되고 중산층이 그동안 지탱해온 산업의 공동화가 발생하며 중산층이 사라질 위기에 놓였다. 이 흐름을 멈출 수 없지만 코웬은 중산층 쇠락의 원인 중 하나는 '고독'이라고 주장했다. "다른 사람과 교류하는 커뮤니티가 줄어들고 있다. 어떤 그룹에도 참여하지 않고 고독한 중산층으로 살아가기는 너무 힘들다"라고 지적했다.

●

2018년의 《Stubborn Attachments: A Vision for a Society of Free, Prosperous, and Responsible Individuals》에서는 "더 부유한 사회가 더 안정되고, 더 뛰어난 생활 수준과 더 훌륭한 의료 서비스를 제공한다"라며 표현하기 어려운 경제 성장의 중요성과 미래의 로드맵을 제시했다.

그의 이야기는 우리에게 많은 깨달음을 줄 것이다.

●

테크놀로지 기술 보유에 따라 격차가 벌어진다

AI가 많은 사람의 일자리를 빼앗을 거라고 전망합니다. AI를 어떻게 평가하십니까.

'AI가 일자리를 빼앗는다'라는 생각을 바꿔야 합니다. AI는 새로운 일자리를 많이 만드는 동시에 오래된 일자리를 없앱니다. 요즘 법률사무소에서는 판례를 찾을 때 AI를 활용하지만, 과거에는 도서관에서 부지런히 자료를 뒤져야 했지요. 지금은 그런 일을 AI가 대신해줘 자료 찾는 전담 인원을 줄일 수 있습니다. AI의 도입은 새로운 부와 기회 창출로 이어집니다.

다만 일자리를 얻는 데 필요한 기술은 달라지겠지요. 구체적으로 말하면 테크놀로지에 대한 이해가 한층 더 필요해집니다. 수입 격차도 벌어지겠죠. 테크놀로지를 제대로 활용하는 사람은 정말 얼마 되지 않을 테니까요.

기술이 없는 사람은 서비스 분야의 일밖에 없는 위험한 미래가 기다리고 있다는 점을 간과해서는 안 됩니다. 서비스 영역의 일이란 고령자 간병이나 반려동물 산책, 편의점 계산원 같은 일들입니다. 지금은 어느 정도 월급을 받더라도 결코 장래는 밝지 않습니다. 이처럼 기술이 있느냐 없느냐에 따라 격차가 벌어지는 게 AI 도입으로 발생할 가장 큰 위험입니다. 고용 기회 감소는 그다지 문제되지 않습니다.

AI가 진화해 인간의 노동이 기계로 대체되면, 사회 보장을 지원받으며 먹고사는 저임금 노동자와 기계를 소유하고 부를 점령한 자본가로 양분되지 않을까 걱정이 앞섭니다.

자본가와 노동자뿐 아니라 노동자끼리도 격차가 발생합니다. 노동자 중에서도 기계를 사용하는 데 능숙한 사람은 높은 수입을 얻을 수 있습니다. 미국이나 일본의 상위 10~15%는 좋은 직업에 안정된 인생을 보낸다고 할 수 있지만, 이 10~15%는 매우 폭넓은 비율입니다. 우리 눈에 자주 띄지 않는 단 1%의 자본가는 아니라는 말이지요.

극소수 상위층은 전에 없이 부유해진 반면 대다수 사람은 굶지 않지만, 근근이 생활을 이어가는 격차 사회가 되었습니다. 미국도 그렇고 일본도 그렇습니다. 서민들도 테크놀로지의 혜택을 누리며 나름대로 행복한 삶을 살겠지요. 하지만 예전 같은 고도성장은 경험할 수 없습니다. 부모나 조부모 세대와 비교해 수입이 2배, 4배로 뛴다든지 과거의 미국이나 일본을 되돌아보며 나라 전체가 이만큼 부유해졌다고 회상할 만한 성장은 이제 없을 겁니다.

최후에는 인간의 노동 대부분이 AI로 대체될까요.

AI라는 용어는 조금 모호한 단어입니다. 독립된 하나의 존재가 아니라 서로 다른 기능의 연속체이고 조금씩 다른 의미로 쓰이고 있습니다. 역사적으로 어느 시기라도 50년 혹은 100년 단위로 기간을 잘라보면 경제가 성장할수록 많은 일자리가 사라지고 다른 일자리로 대체된다는 사실을 알 수 있습니다. 지금의 노동 대부분이 앞으로 없어진다고 해도 그것은 AI 때문일 수도 있고 그렇지 않을 수도 있습니다. 단지 경제의 대사가 일어났을 뿐이지요.

●

로봇이 과연 생활비를 낮출 수 있는가

노동이 AI로 대체되면 수입이 감소한 사람들의 소비 의욕이 약해지고, 자본가들은 생산물을 판매할 상대가 없어진다는 주장은 어떻게 보십니까.

그 문제는 크게 걱정하지 않습니다. AI나 기계가 많은 상품을 만들어내면 가격이 내려가고 누구라도 그 상품을 살 여유가 생기니까요. 중산층의 수입 증가는 낙관적이지 않지만, 재고가 산더미처럼 쌓이고 아무도 상품을 사지 않는다는 주장은 잘못되었습니다. 수요와 공급의 균형이 시장을 평형화하기 때문이죠.

디지털 경제가 인간을 행복하게 한다기보다 오히려 불행하게 한다고 생각하는 사람도 있는데 어떻게 보십니까.

지금보다 행복해질 것 같기는 한데 다만 지금까지 성공이라고 여겨왔던 것과 다른 차원이라고 생각합니다. 세계가 위화감으로 가득하고 많은 사람이 심리적으로 불만을 느끼겠지요. 계속 앞으로 나아가야 한다는 기세를 잃어버리기 때문입니다. 이 새로운 세계에 대응하려면 지금까지와 전혀 다른 사고 모델을 확립할 필요가 있습니다.

실제로 미국이든 다른 나라든 선출된 리더를 보면 거의 모두가 위화감이 드는 인물입니다. 이것은 우리가 새로운 세계에 심리적으로 적응하지 못했다는 사실을 반영한 것이라고 봅니다.

수입이 늘지 않는 사람은 변화를 거부하고 그저 현실에 만족하지 않을까요.

2017년에 《The Complacent Class: The Self-Defeating Quest for the American Dream》이라는 책을 썼는데 계급이라고 불러도 좋을 만큼 '현실 만족 계층'이 증가한 것은 사실입니다. 젊은이 중 반발하는 사람도 있겠지요. 만약 당신이 지금 11살이고 AI에 여러 테스트를 받은 후 '당신의 인생 성공도는 이렇습니다'라는 결과를 받으면 기분이 어떨까요. 미래를 살아갈 의욕을 잃고 견디기 힘든 충격을 받을지 모릅니다. 더구나 AI는 대부분 정확하지요. '네, 알겠습니다'라고 쉽게 받아들이는 사람도 있을 테고 거부 반응을 보이며 적의를 품고 반항하는 사람도 있을 겁니다.

반항이라면 부정적으로 들리지만 참신하고 생산적인 방법으로 반항하는 사람도 있습니다. 이것이 심리적으로 적응할 수 있느냐 없느냐 하는 문제입니다.

케인지언(케인스학파 경제학자)을 중심으로 오랜 기간 미국의 임금 수준 정체는 수요의 문제라고 보는 견해가 뿌리 깊습니다. 이 주장은 어떻게 보십니까.

2010~2011년은 그랬던 것 같습니다. 하지만 수요는 오래전에 부활했습니다. 문제는 의료·교육·건축 등 중요한 분야의 생산성이 크게 성장하지 못했다는 점입니다. 반면 테크놀로지 분야의 성장은 현재 최고조이고 임금도 비약적으로 상승했지요. 따라서 지금 미국에서 수요 문제는 없다고 봅니다.

미국 경제는 깊은 정체에서 탈출했다는 뜻인가요.

아니요, 아직입니다.

제 눈에는 2018년의 성장이 순조로운 것처럼 보였습니다. '단순히 운이 좋았던 한 해'라고 해도 좋겠지요. 그래서 2019~2020년이 미국 경제의 미래를 가늠할 수 있는 전환점이 될 가능성이 큽니다. 조금 더 상황을 지켜봐야 합니다.

●

지금 새로운 냉전이 시작되었다

지금 미국과 중국 사이에 무역 전쟁이 벌어지고 있습니다. 미·중 무역 전쟁은 앞으로 어떤 결말을 맞이할까요.

지금 벌어지는 현상은 무역 전쟁이라기보다 미·중 간의 새로운 냉전입니다. 미국과 소련의 냉전과 유사한 구조로 결국 쟁점은 사이버 전쟁, 스파이, 지적 재산권, 섬이나 항로를 둘러싼 지정학적 이슈(과제)가 핵심입니다. 무역 문제가 차지하는 비율은 5% 정도에 불과하다고 봅니다. 무역은 미국이 중국을 공격하기 쉬운 주제여서 표면화된 것일 뿐 미·중 관계를 단순한 무역 전쟁으로만 봐서는 안 됩니다. 물론 경제 패권의 양상이 짙지만 단지 그것만은 아닙니다. 대만 문제나 일대일로(一帶一路: 중국이 추진하고 있는 신실크로드 전략) 구상 등을 포함한 국제 질서의 문제지요.

이 싸움의 승자는 누가 될까요.

전쟁은 승자가 확실하지 않습니다. 새로운 미·중 냉전은 어느 한쪽이 이기지도 지지도 않고 문제가 해결되지 않는 전쟁의 징후가 나타나고 있습니다. 3차 세계대전이 일어나리라고는 예상하지 않지만 제가 살아 있는 동안 미·중 관계가 지금 이상으로 좋아지는 일은 없을 겁니다. 미·중 관계의 황금기는 이미 과거의 일이지요.

트럼프 대통령의 정책은 어떻게 평가하십니까.

트럼프는 정보를 충분히 파악하지 못하고 세세한 점에 신경을 쓰지 않는 인물이라고 판단합니다. 그가 시행하는 정책은 찬성하기 어려운 데다 무언가를 결정할 때의 태도는 눈 뜨고 볼 수 없을 만큼 형편없다고 생각합니다.

그렇더라도 미국과 중국의 대립은 불가피한 상황이라 두 나라 간의 관계 악화를 트럼프 탓이라고 비난할 수 없습니다. 트럼프는 기묘한 재주로 미국 국민의 마음속 깊이 숨어 있는 가려운 곳을 알아차리고 선수를 칩니다. 교양이 없고 엘리트들의 말을 듣지 않기에 오히려 현실을 빨리 알아차리죠. 그런 재능은 높이 평가합니다만 단도직입적으로 그는 영리하지 않습니다. 다만 엘리트들의 조언에 귀를 기울이지 않아 다른 사람에게는 보이지 않는 게 보일 수도 있겠지요.

트럼프 대통령은 보호주의 정책을 추진한다고 볼 수 있지요.

트럼프는 자동차를 쫓아가는 개와 같습니다. 따라잡는다 해도 그다음에 무엇을 해야 하는지 확실치 않죠.

중국을 위협하고 싶지만, 그로 인해 무엇을 얻고 싶은지 불명확합니다. 단호한 태도로 임한다면 서로의 요구를 충족시킬 합의점이 필요하지요. 트럼프는 스스로 뿌려놓은 문제의 종착점을 충분히 고려하는 것 같지 않습니다.

●

중산층을 지탱하는 커뮤니티가 줄고 있다

미국의 생산성이 높아진 요인 중 하나로 생산 거점을 해외로 옮기고 인건비를 낮춘 점을 꼽으셨는데 이 정책이 끼칠 영향을 자세하게 설명해주세요.

생산 거점을 세계 각국에 두는 일은 미국을 제외한 대부분 국가에 긍정적인 영향을 끼칩니다. 필리핀, 인도 등 많은 나라가 훌륭한 성장을 이뤘습니다. 전 세계적으로 효용이 크지요. 하지만 미국의 노동자는 프로그래머여도 임금이 낮아질 수밖에 없습니다. 미국의 중산층에게 반드시 좋은 정책이라고 볼 수는 없지요.

만약 당신이 정부에서 일한다면 어떤 정책을 제시하겠습니까.

미국과 세계 경제의 연결 고리를 끊을 수 없으니 '최선의 결과를 기대한다(Hope for the best)' 정책을 제시하겠습니다. 미국의 자본 유출을 막을 수 없습니다. 달러는 준비 통화이고 뉴욕은 세계 제일의 금융 센터입니다. 미국의 힘은 세계적 규모이니 자본 유입은 선택이라기보다 필수로 환영해야 하는 일이지요. 새로운 테크놀로지가 중산층에게 더 나은 일자리를 만들어주었으면 하고 기원하는 수밖에요.

중산층 이야기가 나왔는데, 미국의 백인 중산층이 쇠퇴한 원인은 무엇일까요? 백인뿐 아니라 중산층의 쇠퇴는 앞으로 계속될까요.

원인의 하나는 고독입니다. 가구 규모가 예전보다 작아지며 젊은 층은 물론 고령층에서도 혼자 사는 사람이 많아졌습니다. 젊은 이들의 결혼 시기가 늦어지고 교회에도 잘 나가지 않습니다. 낯선 곳에 사는 사람들도 늘어났지요. 사람과 사람이 교류하는 커뮤니티가 줄어들고 있습니다. 어떤 그룹에도 참여하지 않고 고독한 중산층으로 살아가기는 힘들다고 생각합니다. 누구나 어떤 그룹에든 참가해 활동하던 과거 세대와 비교하면 상당히 혹독한 현실이지요. 원인은 물질적인 부분도 있지만 대부분 심리적이거나 제도적인 문제 때문입니다. 언젠가 사람들이 새로운 세계에 심리적으로 적응하고 커뮤니티가 부활할 수 있겠지요. 그렇게 되려면 시간이 더 필요해 보입니다.

수입 면에서는 어떻습니까? 부유층의 상위 그룹과 중산층의 격차를 좁힐 만한 방법, 아이디어가 있으신지요.

어려운 문제네요. 빈곤층을 지원하기 위한 사회 보장 제도는 효과적이라고 봅니다만, 중산층에게까지 사회 보장을 확대하는 것은 재정적으로 부담이 커서 어렵다고 판단합니다.

미국 중산층의 수입은 제자리걸음이긴 하지만 감소하지 않았습니다. 그러니까 중산층은 어떻게든 생활을 꾸려나가기 위해 심리적으로 현실에 맞출 수밖에 없어요. 그건 일본도 마찬가지일 겁니다. 일본의 노동자는 다양한 계급이 존재합니다. 어떤 일자리든 그리 나쁘지 않죠. 매년 월급이 오르지 않아도 충분히 잘살고 있습니다. 단지 전 국민이 큰돈을 번다고 할 수 없을 뿐이죠.

●

기술 혁신을 저해하는 요인은 무엇인가

일본은 선진국 중 유일하게 노동 생산성이 향상되지 않은 국가로 불립니다. 그뿐 아니라 곧 인구 8,000만 명의 독일에 GDP도 뒤처질 거라고 전망합니다.

일본 경제는 비관적이지 않습니다. 취업자 1인당 노동 생산성을 비교해보면 미국이나 독일과 크게 다르지 않아요. 하지만 전체적으로 보면 낮아지죠. 무엇보다 성장 속도가 더딘 점, 다시 말해 문제는 인구 감소가 아닌가 싶습니다. 인구가 줄면 기술 혁신이 어렵고 시장 규모도 작아집니다. 구매 의욕도 떨어져 지출 억제는 더 심화됩니다.

한편 2018년에 제정된 일본의 이민법(개정 출입국관리법)으로 인해 예전보다 더 많은 이민자가 생길 겁니다. 일본어는 영어 등과 비교하면 매우 습득하기 어려운 언어로 태국이나 필리핀처럼 다른 언어권에서 온 사람들에게 일본어를 가르치는 일도 큰 과제입니다. 호락호락하지 않을 겁니다. 그래도 지금으로서는 이민 수용이 일본을 더욱 역동적으로 만들 미래 사회의 열쇠가 될 수 있습니다.

물론 장점만 있는 것은 아니죠. 독일에서도 이민과 난민으로 많은 문제가 발생하고 있습니다. EU는 매우 혼란스러운 상황으로 여러 극우 정당이 생기고 있습니다. 유럽은 지나치게 많은 이민자를 받아들이지만 어떻게 수습할지 불투명한 상태죠. 매우 우려스럽습니다.

과거에는 제조(제조업) 분야에서 세계를 휩쓸던 일본이 지금은 중국이나 한국에 뒤처지고 있습니다. 왜 그럴까요.

일본인의 임금이 오르고 해외의 경쟁력이 더해져서 그렇습니다. 또 다른 요인으로 일본인의 정신성도 관련 있겠지요. 최근 일본은 예전처럼 최고의 퍼포먼스를 발휘하는 기업을 만들어내지 못합니다. 새로운 도요타와 소니는 어떤 기업인지 분명치 않습니다. 지금도 훌륭한 기업은 있지만, 그들은 그저 매우 좋은 기업일 뿐 산업의 최전선에서 기술 혁신을 일으키는 기업은 아닙니다. 일본의 연령 구성이 매우 고령화된 것도 문제죠. 혁신을 일으키는 인재들은 대부분 20대 혹은 10대인 경우도 있습니다.

　일본은 자녀 수가 적습니다. 자녀 수가 적은 나라는 공통으로 2가지 문제가 있습니다. (1) 여성이 거의 혼자 아이를 키워야 하는 점, (2) 생활 공간을 충분히 확보할 수 없다는 점. 이 2가지가 합쳐진 대부분의 나라에서는 출산율이 떨어지게 마련이죠. 일본이 전형적인 사례입니다. 출생률을 높이는 게 많은 문제를 해결하는 가장 좋은 특효약이라고 생각합니다.

일본에서 기술 혁신이 탄생하기 어려운 건 현재의 교육 과정과 관계가 있을까요.

아마 그럴 겁니다. 일본을 비롯한 동아시아의 여러 국가에서 하는 교육은 엄격해서 시험 대비만을 위한 교육이라는 느낌을 받습니다.

그렇지만 수십 년 전에는 매우 혁신적이고 우수한 기업이 있었습니다. 당시에는 교육이 기술 진보를 방해하지 않아 정말로 교육이 원인인지 어떤지는 불확실합니다.

●

저출산 대책을 최우선하라

패전에서 벗어나려 애쓰던 헝그리 정신이 지금은 사라졌다고 말하는 사람도 있습니다.

일본과 유사한 곳은 한국입니다. 한국은 여전히 일본을 따라잡기 위해 안간힘을 쓰고 헝그리 정신이 강한 것처럼 보입니다. 하지만 언젠가 한국은 무엇을 위해 일하는지 혼란스러울 때가 찾아올지 모릅니다. 한국에서 강연한 적이 있는데 "한국의 가장 큰 걱정은 일본을 따라잡는 날이 찾아오는 것"이라고 말했습니다.

일본은 지금까지 몇 번의 큰 변화를 겪었습니다. 19세기 무렵 일본은 사회가 무질서하고 노사 관계도 그다지 좋지 않았습니다. 메이지유신을 거치고 20세기 들어 본격적인 성장 궤도에 진입했지요. 이렇게 빨리 문화적으로 바뀐 국가는 사례를 찾아보기 어렵습니다.

왜 일본이 이렇게까지 큰 변화를 이룰 수 있었는지, 또 앞으로 어떤 모습으로 변화할지는 아무도 모릅니다. 하지만 미래에 발생할 거대한 변화를 일본인들은 과소평가하는 것 같습니다. 변화는 어느 날 갑자기 찾아옵니다. 당장 내일 찾아올 수도 있지요. 일본은 이대로 영원히 변하지 않을 거라고 한탄하는 사람도 있겠지만 저는 그렇게 생각하지 않습니다.

그렇다면 일본의 미래가 매우 낙관적이라는 말씀입니까.

나쁜 방향으로 쓰러질지 모르지만, 긍정적인 변화가 찾아올 가능성이 더 크다고 판단합니다. 페리 내항(1853년 미국 군인인 페리 Matthew Perry가 군함 4척을 이끌고 일본에 입항해 개국 통상을 강요한 사건, 일명 쿠로후네 사건) 전년에 당신이 일본에 있었다면 어떤 미래를 상상했을까요. 지금이 마치 그런 상태인지 모릅니다.

일본이 좋은 의미의 변화를 맞이하려면 정권은 무엇을 해야 할
까요.

아베 정권이 여성의 노동 시장 참여를 촉진한 정책은 매우 훌륭
했습니다. 〈니혼게이자이신문〉(2019년 7월 30일 자)의 2019년 일
본의 여성 생산 연령 인구(15~64세) 비율은 71.3%로 2018년 대
비 1.9% 상승했죠. 다만 아베 총리도 우려하는 저출산 대책은
여전히 최우선으로 해결해야 할 과제입니다.

저출산 대책에 매진하는 싱가포르도 성공했다고 평가하기는
이릅니다. 단기적으로 성과를 내기 어려운 아주 까다로운 과제지
요. 테크놀로지로 해결할 수 있는 문제도 아닙니다. 이는 국민의
의욕에 달려 있습니다.

지금 일본에서 3명의 자녀를 낳아서 기르기는 매우 어렵습니
다. 집은 좁고 여성은 가사나 육아뿐 아니라 밖에 나가 일도 해야
합니다. 남편의 도움은 거의 얻지 못하죠. 이런 상황을 계속 이어
가서는 안 된다고 봅니다.

경제학자의 역할이 무엇인지 알려주십시오.

나라마다 상황이 다르지만 지금 미국은 행정이 경제학자의 말에 그다지 귀를 기울이지 않습니다. 따라서 경제학자들의 지위가 크게 실추되었고 그저 학자들끼리만 이야기를 주고받고 있습니다. 대중 매체를 통한 발언은 아직 힘을 발휘하지만, 정계에선 그다지 중요하게 여기지 않죠. 그래서 지금은 어떻게든 지위를 회복하려고 노력하고 있습니다.

다른 나라는 미국과 상황이 또 다릅니다. 에마뉘엘 마크롱(Emmanuel Macron) 프랑스 대통령은 우수한 경제학자들을 곁에 두고 있지만, 대통령의 지지자들은 경제 정책 따위에는 관심이 없죠. 프랑스는 프랑스대로 미국과는 전혀 다른 과제에 직면해 있습니다.

경제학자가 반드시 경제 예측에 뛰어난 건 아닙니다. 일반인들이 경제 문제를 더 정확히 이해하고 질문할 수 있도록 만드는 일도 경제학자의 역할입니다. 예측할 때도 이것은 알 수 있지만, 그것은 알 수 없다고 확실히 구분하는 것도 중요하지요. 대부분 모르는 게 더 많지만 그렇게라도 하지 않으면 실마리조차 찾지 못하고 맙니다.

●

포스트 자본주의 따위는 존재하지 않는다

자본주의는 조만간 종언을 맞이할 거라는 소리를 자주 듣습니다. 포스트 자본주의라는 단어도 화제고요.

그래도 자본주의를 대체할 만한 시스템은 없습니다. 많은 나라가 전에 없이 자본주의 체제 중심으로 움직이고 있고 또 제대로 돌아가고 있습니다.

포스트 자본주의 같은 시스템은 없다고 생각합니다. 아프리카의 어느 마을 사람들에게 지금 무엇을 갖고 싶으냐고 물어보세요. 너나 할 것 없이 모두 훌륭한 기업이나 좋은 직장을 갖고 싶다고 대답할 것입니다. 그들에게 포스트 자본주의 얘기를 꺼내려고 하면 '너 지금 제정신이야?' 하는 눈으로 쳐다보겠지요. 요즘 자본주의는 보잘것없는 대용품이 되어버렸지만, 우리는 더 자본주의적이어야 합니다.

돈이 필요하다거나 직업을 갖고 싶다는 아프리카 사람들의 간절한 마음이 본질입니다. 서양의 지식인들은 아무것도 모르죠. 적어도 당분간은 자본주의를 뛰어넘는 경제 시스템은 탄생하지 않을 거라고 봅니다.

144

지금 세계 경제에서 가장 관심 있는 부분은 무엇입니까.

아프리카 정세입니다. 중국 정세도요. 서양의 정치가 왜 이렇게 이상해졌는지 깊이 고민할 필요가 있습니다. 경제 문제라고 할 수 없지만, 경제학자들도 이 문제를 심각하게 다뤄야 한다고 봅니다. 영국의 EU 탈퇴(브렉시트), 트럼프 당선, 누가 봐도 예상 외의 일이 일어난 거잖아요. 이유가 무엇인지 분석해보고 싶습니다.

민주주의가 무너지려 한다는 말씀이신가요.

그것과는 또 다른 관점입니다만 적어도 이렇게 말할 수 있습니다. "지금까지 민주주의가 완전히 성공한 사례는 없다"라고요. 지금은 마치 중우 정치(Mobocracy) 시대와 상황이 같습니다. 브렉시트도 트럼프도 국민 스스로 선택한 것이기에 이것을 반민주주의라고 부를 수 없습니다. 세계는 점점 더 민주주의가 되어가는데 우리가 아직 그런 상황에 제대로 적응하지 못한 게 아닐까 싶습니다.

Chapter 6

기본 소득과
하루 3시간 노동이
사회를 구한다

미래의 가장 큰 문제는 지루함이다

자본주의의 목표는 지금과 같은 풍요로움을 누리는 것입니다. 우리는 지금 그 어느 때보다 풍요롭습니다. 하지만 우리는 매우 불평등한 세상에 살고 있죠. 진정한 부의 혜택을 누리는 사람은 극히 일부분이니까요.

기본 소득의 목적은 모든 사람이 혜택을 받을 수 있도록 하는 것입니다.

Rutger Bregman

뤼트허르 브레흐만

뤼트허르 브레흐만

1988년생. 위트레흐트대학교, 캘리포니아대학교 로스앤젤레스캠퍼스(UCLA)에서 역사학을 전공했다. 지금까지 역사, 철학, 경제학에 관한 저서를 출판했다. 《The History of Progress》는 벨기에에서 2013년 최고의 논픽션 작품으로 표창을 받았다. 광고 수입에 의존하지 않는 선구적인 저널리스트 플랫폼 '드 코레스폰던트(De Correspondent)'의 창립 멤버다. 주요 저서로는 《리얼리스트를 위한 유토피아 플랜(Utopia for Realists: How We can Get There)》이 있다.

뤼트허르 브레흐만은 지금 세계에서 가장 주목받는 젊은 논객이다. 그는 《리얼리스트를 위한 유토피아 플랜》이라는 책으로 전 세계로부터 관심을 받았다. 이 책에서 그는 "이상적인 세계는 얼마든지 만들 수 있다"라고 주장한다. 모국 네덜란드를 위해 쓴 책이지만, 전 세계에서 화제가 된 이유는 주제가 그만큼 보편적이기 때문이다.

그를 세계적으로 더 유명하게 만든 것은 '드 코레스폰던트'다. 그는 창립 멤버로 웹을 통해 새 시대를 맞이하는 사회의 처방전을 그려냈고, 전 세계 사람들이 그 처방전에 깊이 공감했다.

●

일본이 테크놀로지의 급격한 발달과 반대로 쇠퇴하는 것처럼 보이는 이유는 '인생의 의미란 무엇인가' 하는 가장 근본적이면서도 본질적인 문제와 마주하지 않기 때문이다. 정답을 찾기 위해서가 아니라 일상적으로 그 질문과 마주하면 자연스럽게 삶의 방식이 달라질 것이다.

브레흐만은 일본어에 '과로사'라는 단어가 있다는 사실에 충격을 받았다고 한다. 인생의 의미를 진지하게 생각하는 사람이 늘어나고, 또 생각할 수 있는 환경이 갖춰지면 과로사가 발생할 리 없다.

풍요로운 삶이란 무엇인가. 그저 돈을 많이 버는 것인가. 우리는 모두 하찮다고 생각하는 일을 계속하면 풍요로운 삶을 살 수 없다는 사실을 잘 알고 있다.

브레흐만이 주장하는 기본 소득 제도는 찬반양론이 엇갈린다. 이 책에 등장하는 다른 지식인도 재원이 없다거나 비효율적이라는 이유로 논쟁을 일축했다. 하지만 브레흐만의 설명을 자세히 들어보면 기본 소득이 필요하다고 납득당할 만큼 그의 주장은 논리적이다.

이론적으로 테크놀로지가 발달하면 사람이 필요 없는 일자리가 생기기 마련이다. 하지만 브레흐만이 일본을 방문했을 때 목격한 현실은 정반대 상황이었다. 그는 사람이 필요 없는 일자리에 여러 사람이 모여서 일하는 모습을 보고 '쓸모없는 일'에 종사하는 사람이 많다는 사실에 충격을 받았다고 한다.

일본은 세계에서 매우 효율적이고 혁신적인 나라로 알려져 있다. 안타깝게도 브레흐만의 눈에는 재능을 낭비하는 사람이 많아 보였다. 브레흐만의 이야기는 우리에게 따끔한 부분도 있지만 귀담아들을 만하다.

●

기계화로 생기는 부를 재분배하라

'사람이 AI나 로봇과 경쟁하고 격차가 벌어지는 시대에는 기본 소득과 하루 3시간 노동이 필요하다'라고 주장해 화제가 되었습니다. 테크놀로지 혜택을 계속 누리고 싶으면 금전, 시간, 로봇을 재분배하라고 주장하셨는데 구체적인 방법은 무엇일까요.

로봇의 등장으로 20년 후에는 지금 일자리의 절반이 사라질 거라고 전망합니다. 실제로는 40년 후, 아니면 80년 후가 될지 모르지만, 확실히 일어날 현상이라는 점이 중요하죠. 그렇다면 가장 먼저 드는 의문은 누가 그 로봇을 소유하는가 하는 점입니다. 정답은 극히 한정된 소수의 사람입니다. 나머지 사람들은 로봇을 쓰는 데 비용을 지불해야겠지요.

그런 사회는 그다지 바람직하다고 볼 수 없습니다. 그래서 저는 누구나 기술 진보의 혜택을 누릴 수 있도록 배당해야 한다고 제안했습니다. 로봇이 사람 대신 여러 분야에서 활약하며 농업이나 공업, 서비스업 같은 일을 대체하면 우리는 하고 싶은 일에 집중할 수 있습니다. 사람들은 의료비와 교육비가 계속 오를 거라고 걱정합니다. 그래서 우리는 기본적인 사회 보장을 받으며 더 잘할 수 있는 일에 집중해야 합니다.

로봇 교사가 제대로 활약하리라고 생각하지 않습니다. 일본에서는 로봇을 활용한 헬스케어도 시도하고 있지만 그다지 좋은 아이디어 같아 보이지 않습니다. 헬스케어 분야의 가장 중요한 기능은 대상자에게 관심을 기울여주고 애정을 쏟는 일이죠. 사람은 방치해두면 죽습니다.

최근에 인터넷으로 매우 흥미로운 영상을 보았습니다. 이탈리아에서 100세를 넘겨 장수하는 사람이 많은 마을에 연구하러 다녀온 사람의 이야기입니다. 이탈리아 장수촌의 의료 제도나 식사는 특별할 게 없었습니다. 그런데 왜 그렇게 다들 오래 사는지 이유는 무척 간단했어요. 사람들은 혼자 있지 않았습니다. 가족이나 친구들이 항상 옆에 있었죠. 반대로 일본이나 네덜란드는 어떨까요. 저는 이 문제를 로봇이 해결할 수 있다고 생각하지 않습니다. 기술 진보로 우리가 얻는 진정한 혜택은 가족이나 친구들과 함께 보내는 시간을 늘릴 수 있다는 점이 아닐까요.

20개국에서 번역된 《리얼리스트를 위한 유토피아 플랜》은 언뜻 모순된 제목처럼 들리는데요.

문명이 교체되는 시점에는 항상 과거에 품어왔던 유토피아 같은 상상이 현실이 됩니다. 노예제 폐지, 민주주의, 남녀 권리의 평등, 복지 국가의 권리 같은 것처럼.

역사적으로 보면 유토피아는 여러 번 현실이 되었습니다. 제가 그 책을 통해 전하고 싶었던 메시지는 유토피아를 다시 일으킬 수 있다는 것과 지금은 바보처럼 여겨지는 아이디어라도 어떻게 하면 미래에 현실로 만들 수 있는가 하는 점입니다.

특히 영국의 EU 탈퇴와 트럼프 대통령 당선 이후 전 세계인이 새로운 아이디어를 찾고 있습니다. 한편으로는 많은 사람이 번아웃 증후군이나 우울증에 시달리고 자기 일은 무의미한 건 아닌지 고민합니다. 사람들은 지금 유토피아적인 대답을 갈구하고 있지요.

흥미로운 점은 그 책이 출판된 나라들이 직면한 문제가 매우 유사하다는 겁니다. 정도의 차이일 뿐. 처음에 모국 네덜란드를 위해 그 책을 썼습니다. 전 세계의 사람들은 일본 등과 비교해 네덜란드는 매우 편안하고 노동 시간도 짧은 나라라고 생각합니다. 실제로는 네덜란드조차 노동 시간이 늘어났고, 사람들은 이전보다 더 많은 스트레스를 받고 있습니다.

그런데 2017년 일본을 방문하고 난 후 일본인들이야말로 이 책을 읽어야 한다는 생각이 들었습니다. 일본만큼 사람들이 일에 파묻혀 사는 문화는 본 적이 없습니다. 일본인은 그만큼 커다란 대가를 지불하고 있어요. 저는 일본에 '과로사'라는 말이 있다는 사실에 놀랐습니다. 네덜란드어에는 그런 단어가 없습니다.

유럽인들은 일본에서 배울 게 참 많습니다. 길거리에는 쓰레기가 거의 없고 사람들도 무척 친절합니다. 하지만 일본인들은 인생에서 무엇이 소중한지 진지하게 논의할 필요가 있습니다. 자녀와 함께하는 시간을 늘리는 일이지요. 일본의 합계 출산율은 약 1.4명으로 매우 낮습니다. 교육비도 무척 비싸고요.

왜 이런 현상이 발생하는지 제대로 논의할 필요가 있습니다. 원인 중 하나는 젊은 사람들이 고임금의 직장을 구해야 한다는 압박감 때문이라고 생각합니다. 그래서 일에 필사적으로 매달리고 그만큼 자녀에게 할애할 시간은 줄어듭니다.

돈을 많이 버는 게 과연 인생의 전부일까요. 저는 그렇게 생각하지 않습니다. '인생의 의미란 무엇인가' 하는 질문은 우리가 인생을 살아가는 데 필요한 최고의 질문이라고 생각합니다. 하지만 요즘 우리는 인생의 의미에 대한 고민을 잊은 채로 살지요.

최근에 실시한 조사에서 일하는 영국인의 37%, 네덜란드인의 40%, 벨기에인의 30%가 "자기가 하는 일은 전혀 의미가 없다"라고 응답했습니다.

우리 인생 최대의 과제는 '삶의 의미'를 찾는 것입니다. 일이야말로 삶의 의미라고 말하는 사람들이 있습니다. 하지만 마음 한

거대한 분기점

편으로 그들은 자기가 하는 일을 무의미하다고 느끼죠. 무언가 잘못되었다고 생각하지 않으십니까.

진보란 무엇인가. 풍요로움이란 무엇인가. 공정한 사회란 무엇인가. 평등과 자유의 중요성은 무엇인가. 우리는 이제 기본으로 되돌아가야 합니다.

왜 누구도 새로운 유토피아 모델을 제안하지 못할까요.

제가 책에 쓴 아이디어는 오래전부터 있던 것입니다. 기본 소득의 기원은 18세기로 거슬러 올라갑니다. 역사적으로 위대한 사상가 대부분은 노동 시간이 점점 단축되리라고 전망했습니다. 제가 한 일은 새로운 아이디어가 아니라 오래된 생각을 재발견하고 먼지를 털어내 새로운 시대에 맞춰 재창조한 것입니다. 이것은 인류의 오랜 꿈이기도 합니다.

●

GDP 수치는 이제 의미가 없다

자본주의와 다른 모델이 필요하다고 보십니까.

사람들은 '포스트 자본주의'라는 말을 쓰고 싶어 합니다. 하지만 저는 현재의 자본주의 모델을 뒤엎고 새로운 혁명을 일으켜야 한다고 생각지 않습니다. 기본 소득은 오히려 자본주의가 가져온 최대의 성과가 될지 모르니까요. 매월 기본적인 생활을 지탱하는 조성금으로 기본 소득이 보장되면 모두가 진정한 자유를 손에 넣을 수 있고 자기 인생을 어떻게 살아갈지 진지하게 고민할 여유가 생깁니다.

자본주의의 목표는 지금과 같은 풍요로움을 누리는 것입니다. 우리는 지금 그 어느 때보다 풍요롭습니다. 하지만 매우 불평등한 세상에 살고 있죠. 진정한 부의 혜택을 누리는 사람은 극히 일부분이니까요.

기본 소득의 목적은 모든 사람이 혜택을 받을 수 있도록 하는 것입니다.

자본주의는 커다란 성공을 거뒀습니다. 대표적인 사례가 일본이지요. 역사적으로도 일본처럼 빠른 속도로 풍요로워진 나라는 별로 없습니다. 하지만 지금까지 써온 번영의 척도는 의미가 없습니다.

국가의 번영 수준을 측정하는 가장 일반적인 척도는 GDP입니다. 러시아계 미국인 경제학자 사이먼 쿠즈네츠(Simon Kuznets)가 처음 이 지표를 발명했을 때 진보를 측정하는 척도로는 쓰지 말라고 당부했습니다.

GDP는 육아, 행복감, 삶의 의의 등 우리에게 정말로 중요한 것을 측정하는 지표가 아니기 때문입니다. 2011년 일어난 동일본 대지진은 괴로운 사건이었지만 재건에 투입된 비용은 GDP 증가로 이어지고 말았습니다.

다시 말해 GDP 성장이 반드시 행복을 의미하지 않습니다. 이제 우리는 풍요로워졌으니 부를 어떻게 활용해야 하는지 새로운 질문을 던질 수 있게 된 겁니다.

그렇다면 국가의 성장을 측정하는 GDP를 대체할 만한 지표가 있을까요.

하나의 지표로 성장을 측정하기는 매우 어려우니 다양한 종류의 지표를 함께 활용하는 게 현명하다고 판단합니다. 사회 자본이나 우울증 환자 수, 자원봉사자 수, 산업의 활황 수준 등도 살펴보면 좋겠지요.

현실적으로 언론인이나 정치인, 기업 총수들은 GDP의 성장만 보고 그 수치의 배경에 숨어 있는 가치관의 변화는 제대로 논의하지 않습니다.

우울증 환자 수 얘기가 나왔는데 WHO는 2030년에 우울증이 질병 순위에서 1위를 차지할 거라고 내다봤습니다. 원인은 무엇일까요.

우울증 문제를 다룰 때 사회적인 문제를 개인 문제로 보는 건 좋지 않습니다.

최근 30년 동안 선진국을 중심으로 우울증이나 번아웃 증후군 환자가 큰 폭으로 증가했습니다. 우리는 종종 이 문제를 개인 문제로 다루지요. "조금 우울해 보이시네요. 약을 먹든지 테라피를 받아보세요"라는 식으로요.

항우울제 투여나 테라피에 반대하진 않지만, 구조적인 원인을 찾아야 한다고 생각합니다. 왜 직장에서 이러한 문제가 발생하는지, 스트레스나 우울증을 만드는 제도나 법률은 무엇인지 같은 것들을요.

부유한 나라의 많은 사람이 부모 세대보다 자기 세대가 더 힘들다고 생각한다는 지적을 하셨습니다.

여론 조사에서 전 세계의 많은 부모가 자녀들의 삶은 자기들보다 더 나빠질 거라고 응답했습니다.

곰곰이 생각해보면 꽤 기묘한 대답입니다. 우리는 200년 동안 눈부신 진보를 이뤄왔는데 갑자기 많은 사람이 우울증을 앓고 불안에 빠져 있습니다.

저는 낙관주의자도 비관주의자도 아닙니다. 굳이 말하자면 '가능주의자'입니다. 사회 체계든 경제 구조든 이 세상의 모든 것은 바꿀 수 있다고 봅니다.

요즘 사람들은 가라앉아 있는 것처럼 보이지만 제 책에 관심을 두는 사람이 많다는 사실은 그들도 희망을 품을 이유를 찾아 헤매는 게 아닐까요.

●

기본 소득이 노동을 방해하는가

기본 소득은 공짜로 생기는 돈이죠. 그렇다면 불로 소득의 위험성은 없나요.

기본 소득을 강력하게 반대하는 사람들의 주장은 '공짜로 돈을 나눠주면 사람들이 게을러진다'라는 논리죠. 사람들이 모두 일을 그만둘 거라고요.

논쟁의 중요한 핵심은 증거를 바탕으로 주장해야 합니다. 지금까지 기본 소득을 주제로 많은 과학적 실증 작업을 했습니다. 이를 통해 인간은 빈곤선을 넘어서면 돈을 효율적으로 활용한다는 사실을 알게 되었지요. 자기 인생에서 무엇을 얻고 싶은지 스스로 결정할 자유가 있으면 돈을 낭비하지 않습니다.

인간은 자유로운 시간이 늘어나면 TV만 보며 해이해질 거라고 우려하는 사람도 있지만, 이는 사실과 다릅니다. 어느 조사에 의하면, TV 시청 시간이 긴 곳은 미국·터키·일본처럼 노동 시간이 긴 나라들입니다. 정말로 피곤한 상태에서 여유로운 시간에 할 수 있는 일은 고작 TV를 시청하는 정도겠지요.

노동 시간이 짧은 나라일수록 자원봉사 활동에 참여하고 어린아이나 고령자를 돌보고 작곡이나 예술 분야에서 활약하는 사람이 많습니다.

그래서 저는 일하는 시간을 줄여야 한다고 제안합니다. 기본 소득은 사람들에게 다양한 선택지를 준다는 의미에서 꼭 필요합니다.

기본 소득을 도입하면 '노력에 합당한 대가를 지불한다'라는 가치관이 흔들릴 수밖에 없습니다.

가장 먼저 사람들이 기본 소득에 추가해 어느 정도의 돈을 벌고 싶어 한다는 사실을 짚고 넘어가야 합니다. 기본 소득은 어디까지나 삶에 필요한 최소 수준이니까요.

기본 소득이라는 명칭 자체가 적합하지 않을 수 있습니다. 사회 배당금이라 부르기도 하는데 이는 기본 소득이 도움이 아니라 인권이라는 의미를 내포하고 있다는 뜻입니다.

선조들은 열심히 일해서 많은 부를 후대에 남겨주었습니다. 자동차, 증기 기관, 민주주의 등도 선조들이 발명한 것이지요. 이런 인프라가 갖춰진 시대에 사는 우리는 무척 행운입니다.

우리는 선조들이 만들어낸 유산의 혜택을 누리며 살고 있습니다. 기본 소득이나 사회 배당은 그 혜택을 인정하는 도구일 뿐이지요.

미국의 경제학자 헨리 조지(Henry George)가 토지에 대한 고정 자산세의 유용성을 주장했을 때도 같은 논리였습니다. 토지는 부의 가장 큰 원천입니다. 하지만 소유자는 극소수에 불과하죠. 불공평합니다. 지구는 모든 사람의 재산이니까요.

헨리 조지는 토지 소유자가 세금을 내고 그 세금을 모든 사람에게 배당금으로 돌려줘야 한다고 주장했습니다. 이는 지구에 사는 모든 사람이 당연하게 누려야 할 권리입니다.

기본 소득이 없는 쪽이 더 비효율적이다

많은 사람이 기본 소득을 도입할 재원이 없다고 걱정합니다. 하지만 저는 반대로 기본 소득을 도입하지 않으면 선진국은 경제적으로 파멸할지 모른다고 생각합니다.

우리는 지금 빈곤을 방지하기 위해 막대한 비용을 부담하고 있습니다. 비싼 의료비나 학교 중퇴율, 범죄 증가 등이 대표적인 사례입니다. 인간의 잠재 능력을 쓸데없이 낭비하는 것처럼 보입니다.

우리는 '행복이란 무엇인가' 하는 가치관을 바꿔야 할지 모르겠군요.

전 '인생의 목적은 행복'이라는 주장에 조금 회의적입니다. 행복하게 살았다고 해도 큰 의미 없는 삶을 살았을 수 있으니까요.

올더스 헉슬리(Aldous Huxley)의 소설 《멋진 신세계(Brave New World)》에 나오는 행복감을 맛보게 해주는 '소마(Soma)'라는 약이 있다면 좋은 삶을 살 수 있을까요. 약을 먹으면 항상 '행복감'을 느끼겠지만 그걸로 만족하십니까. 아마 그렇지 않을 거예요.

솔직히 전 행복을 중시하지 않습니다. 역사적으로 보면 그다지 행복한 삶을 살았다고 볼 수 없는 위대한 인물들이 많지만, 그래도 그들은 많은 위업을 달성하며 의미 있는 인생을 보냈습니다. 그들은 행복할 때도 불행할 때도 있었지요. 무언가 끔찍한 일이 발생하면 불행한 기분이 드는 건 어쩔 수 없는 일입니다. 일본은 대지진이 발생한 직후 행복한 기분에 좀처럼 익숙해지지 못했잖아요.

그래서 행복 외에도 여러 지표를 준비해 우리가 신경 써야 할 것을 민주적으로 논의해야 합니다. 일에만 집중할 게 아니라 서로에게 관심을 쏟고 창의성을 발휘하며 풍요로운 삶을 사는 거지요.

우리가 고민해야 할 일들이 무척 많아요. 행복에 반대하지는 않지만, 행복을 유일한 기준으로 삼는 건 지나치게 단순하다고 생각합니다.

●

단순히 부를 이동하는 쓸모없는 일이 너무 많다

임금이 높은 일자리는 부를 이동하기만 할 뿐 새로운 가치를 창출하지 않는다고 지적하셨는데, 구체적인 사례를 좀 들어주시겠어요.

은행업이 대표적입니다. 경제 성장에 금융 분야는 꼭 필요합니다. 돈을 소유한 사람으로부터 이제 돈은 없지만, 생산적으로 투자할 수 있는 사람에게 부를 이전시킬 수 있으니까요. 하지만 현재의 금융 분야는 생산적인 투자가 아니라 투기입니다. 과거에는 재능 있는 젊은이들이 연구 기관이나 대학, 정부, 의료, 교육 등의 현장에서 일했다면 요즘에는 대부분이 월가에서 일합니다. 현대의 최대 비극이라고 할 수 있지요.

그뿐 아니라 최근에는 우수한 젊은 인재들이 실리콘밸리에서 일하며 사람들이 가능한 한 광고를 클릭하도록 유도하는 일을 합니다. 이것은 재능 낭비와 다름없어요. 부를 창출하는 게 아니라 지대 추구(Rent seeking: 민간 기업이 정부를 압박해 초과 이윤을 얻는 현상)이기 때문입니다.

이 방법은 프랑스의 루이 14세가 돈을 버는 방식과 유사합니다. 루이 14세는 온종일 생산적인 일은 아무것도 하지 않고 임대로 수익을 냈습니다. 현대의 많은 고임금 일자리도 이보다 조금 더 복잡하지만, 기본 구조는 같습니다.

다른 사람들은 열심히 일해서 돈을 벌지만, 금융 분야의 사람

거대한 분기점

들은 일하는 척할 뿐입니다. 자본주의에서 이런 일이 발생한다는 게 참 아이러니합니다. '신의 보이지 않는 손'이 불필요한 일을 없애줄 텐데요.

일본에는 또 다른 문제도 있습니다. 일본을 방문했을 때 일본인에게 일이 얼마나 중요한 요소인지 알고 깜짝 놀랐습니다. 일해야 한다는 강박관념이 강해서 실업률이 낮은 걸까요. 그래서인지 무의미한 일자리들이 점점 더 늘어나고 있습니다.

도쿄에서 공사 중인 길을 건너는데 5명의 직원이 그곳에 서서 제게 왼쪽으로 돌아가라고 지시했어요. 거대한 표지판이 있어 왼쪽으로 가야 한다는 걸 알 수 있었는데 말이죠. 그뿐 아니라 지하철을 탔을 때는 밤 11시였는데도 승객들에게 오른쪽으로 가라고 안내하는 직원이 있었습니다. 오른쪽 말고는 지나갈 통로가 없었거든요. 이런 일은 쓸모없는 것 같아요. 그런데 어찌 된 영문인지 사람들은 이런 일을 계속 만들고 있지요.

마치 구소련 같다고 느꼈습니다. 1960년대나 1970년대에 모스크바에서 빵을 사면 계산대에 3명의 점원이 있었습니다. 한 사람은 빵의 무게를 재고 다른 사람은 빵을 봉투에 넣습니다. 또 다른 사람이 돈을 받고 영수증을 건네주었지요. 구소련은 일을 권리라고 생각했습니다. 모든 사람이 월급을 받는 직업이 필요하다고요. 구소련의 결말은 잘 아시죠. 매우 효율성이 낮은 경제 구조였습니다.

일본은 세계에서 매우 효율적이고 혁신적인 나라로 알려져 있습니다. 하지만 쓸모없는 일에 얼마나 많은 재능을 낭비하고 있는지 통감했습니다.

●

실리콘밸리는 혁신을 창조하지 않는다

실리콘밸리의 혁신은 '몇 년 전에 산 전화기를 약간 개량하는 것 일 뿐'이라고 지적했는데 왜 그렇게 생각하십니까.

최근 수십 년 동안 이뤄진 커다란 진보는 대부분 정부 기관, 특히 미국 군대나 유럽의 조성금으로 이룩한 성과입니다.

민간의 벤처 투자가들은 큰 규모의 혁신 사업에 자금을 투자 하지 않습니다. 그들은 바로 눈앞의 이익, 즉 5년 안에 수익을 올릴 수 있는지에 중점을 두기 때문입니다. 혁신은 단기적인 관점 에서 생겨나기 어렵습니다. 진정한 의미의 혁신은 15년에서 20년 이라는 타임 프레임이 필요합니다. 대체로 장기적인 시간 축을 제공할 수 있는 곳은 정부뿐이고요.

안타깝게도 최근 정부는 혁신을 위한 자금 지원을 점차 삭감하고 있습니다. 정부는 민간 부문에서 투자가 활발해져야 한다고 주장합니다. 하지만 민간에서 투자하는 곳은 광고 클릭 수를 늘리거나 에어비앤비, 우버, 페이스북처럼 별도의 플랫폼을 만들어 돈벌이하려는 기업뿐입니다. 그 기업들은 흥미로운 상품도 만들어내지만, 결점도 많습니다. 그 기업들이 만들어내는 상품이 진정한 의미의 혁신인지도 의문스럽고요.

최근 세상에 등장하는 혁신이 별 볼 일 없는 이유는 우수한 젊은이들이 월가와 실리콘밸리에서 일하며 재능을 낭비해서입니다. 물론 인터넷과 아이폰은 훌륭한 혁신 상품입니다. 여기서 아이폰이 이뤄낸 모든 혁신은 정부의 자금 지원 덕택이었다는 점을 잊어서는 안 됩니다.

음성 인식 시스템, 터치스크린, 배터리, 모바일 기술, 인터넷 등은 미국과 유럽 등의 정부 지원금으로 탄생한 것입니다.

교사는 매우 의미 있는 일이라고 했는데 그 외에 어떤 일들이 의미 있을까요.

질문에 대답하려면 '인생의 의미는 무엇인가'라는 질문으로 되돌아가야 합니다.

제가 의미 있다고 생각하는 일은 사회에 무언가 가치를 창출하는 일입니다.

우리가 생활하는 데 필요한 서비스를 제공하는 일인 소방관, 경찰관, 구조대원 등도 중요합니다. 하지만 모든 사람이 그런 직업을 가질 수는 없습니다. 앞으로 가장 성장하리라고 기대하는 분야는 헬스케어와 교육입니다.

●

중간 관리직은 무의미하다

중간 관리직은 필요 없다고 했는데 중간 관리직을 없애고 성공한 네덜란드 기업의 사례를 들려주세요.

일반론부터 말씀드리죠. 경영대학원에서 가르치는 것은 '모든 일을 더 복잡하게 만드는 방법'입니다. 현대 경영의 기본은 일을 가능한 한 복잡하게 만드는 것으로 구성되어 있거든요. 하지만 누가 이 복잡함을 관리할까요. 하버드대학 등에서 '복잡한 상황을 다루는 법'을 배운 사람들입니다. 우리는 그런 사람들에게 상당한 비용을 지불합니다.

헬스케어는 아주 좋은 사례입니다. 우리는 다양한 지표를 개발하고 제품을 팔며 의료를 매우 복잡하게 만들었습니다. 본래 헬스케어는 이렇게 복잡한 게 아닙니다. 헬스케어의 목표는 사람을 잘 돌보는 일이니까요.

네덜란드에 뷔르트조르흐(Buurtzorg)라는 훌륭한 회사가 있습니다. 이 회사는 모든 매니저 직급을 없앴어요. 일을 필요 이상으로 복잡하게 만드는 사람을 없애는 대신 11~12명의 간호사로 구성된 셀프 디렉션(Self direction) 팀을 구성해 활동합니다.

제삼자 기관의 조사에 의하면, 1만 4,000명의 종업원을 거느린 이 기업은 다른 경쟁 업체보다 낮은 가격으로 더 효율적이고 고품질의 의료를 제공하는 것으로 나타났습니다. 다시 말해 헬스케어 기업에서 일하는 관리직은 필요 없다는 사실을 이 회사가 증명한 셈이지요.

모순점은 우리가 관리직이 필요하다는 착각에 빠져 있다는 사실입니다. 물론 그들은 훌륭한 스펙을 갖추었지요. 하버드대학, 예일대학 등 아주 훌륭한 대학을 졸업하고 복잡한 관리 방법에도 능통합니다.

우리는 그들이 엄청난 돈을 버는 까닭에 역량이 뛰어난 인재라고 착각합니다. 그들이 일을 그만둬도 아무 일도 일어나지 않습니다. 현실적으로 보면 오히려 회사의 효율성이 좋아지죠.

행복감을 높이기 위해 일과 소비의 비중을 줄이는 게 중요하다
고 생각하십니까.

그렇습니다.

소비 확대가 경제 성장으로 이어진다는 이론에 반대하는 건
아니지만 잘못된 소비를 지적하고 싶습니다. 자기가 좋아하지도
않는 사람들을 감동시키기 위해 쓰레기 같은 것을 꾸역꾸역 구
매하지 않습니까. 이제 우리는 자신의 부를 더 풍요롭게 소비해
야 합니다.

그래서 일, 성장, 소비지상주의 같은 개념을 재검토할 필요가
있습니다. 제가 이러한 단어의 개념에 반대하는 것은 아닙니다.
성장은 훌륭한 일이라고 생각합니다. 하지만 쓰레기 같은 것을
성장시켜도 무의미하지 않습니까.

●

과거보다 현재 아이들의 창의성이 떨어진다

저는 요즘 놀이가 얼마나 감소했는지에 관한 기사를 쓰고 있습
니다. 어린아이들의 자유 시간이 압도적으로 줄어들었거든요. 아

시아권에서는 놀이를 시간 낭비라고 여기죠. 인류의 역사를 거슬러 올라가면 우리가 수렵 채집을 하던 때 아이들은 늘 놀이를 하며 많은 것을 배웠습니다. 예전에는 놀이와 배움이 같은 개념이었어요. 놀이를 통해 다른 아이들과 교류하는 방법을 배우고 창의성을 키웠습니다.

IQ 테스트 결과를 보면 최근 수십 년 사이에 아이들은 훨씬 똑똑해졌습니다. 이것을 플린 효과(Flynn effect)라고 부릅니다. 미국에서 실시한 조사에 따르면, 아이들의 창의성은 과거보다 훨씬 떨어진 것으로 나타났습니다.

큰 문제입니다. 누구나 말하듯이 창의성은 미래에 우리가 갖춰야 할 가장 중요한 기술입니다. 어째서인지 요즘 학교에서는 충분히 가르치는 것 같지 않습니다. 개혁이 필요한 부분이지요. 우리는 외적인 동기 부여뿐 아니라 내적인 동기 부여에 더 초점을 맞춰야 합니다. 시험 결과는 그다지 중요하지 않습니다.

많은 사람이 제 경력만 보고 성공했다고 생각하는 것 같아요. 학창 시절의 시험 점수를 보면 놀랄 겁니다. 학교에서는 아주 게으른 학생이었거든요. 선생님들은 제가 성공하리라고 생각도 않을 만큼요.

'드 코레스폰던트'에는 제가 지금까지 만난 사람 가운데 가장 똑똑하다고 생각하는 동료가 있습니다. 그는 여러 번 대학을 그만뒀어요.

모든 사람이 그는 잘 풀리지 않을 거라고 생각했습니다. 하지만 지금은 2년 전부터 대학에 강의를 나갈 정도입니다. 강의실에는 몇 년 전에 그에게 철학을 가르치던 교수님도 있었는데, 그에게 철학 과목의 학점을 따지 말라고 권유했던 사람이었습니다. 그랬던 그가 철학책을 쓰기까지 성장했지요.

그래서 젊은이들에게는 자기의 길을 찾고 창의성을 꽃피우는 데 충분한 자유를 줘야 한다고 생각합니다. 창의성은 가르칠 수 없습니다. 꽃을 피우게 돕는 일뿐이지요. 창의성은 이미 존재하고 있습니다.

상상력을 발휘해야 하는 독창적인 일을 할 때, 외부의 동기 부여는 도리어 창의성을 해친다는 연구 결과가 많습니다. 일본의 문화는 '일을 하지 않는 것은 부끄러운 일'이라는 인식이 강합니다. 그로 인해 사람들은 무슨 일이든 해야 한다는 강박관념을 가진 것처럼 보입니다.

개개인이 삶의 방식을 바꿔야 한다고 주장하는 게 아닙니다. 사회 전체가 하나로 뭉쳐서 바꿔나가야 합니다. 그것이 진정한 변화를 일으키는 힘이 됩니다.

미래 사회의 최대 과제는 지루함이다

재미있는 이야기를 소개하겠습니다. 파푸아뉴기니에 바이닝족
(Baining)이 살고 있습니다. 1920년대에 미국의 유명한 문화인류
학자인 그레고리 베이트슨(Gregory Bateson)이 15개월 동안 그
곳에 가서 현장 조사를 했습니다. 그런데 이 문화인류학자는 우
울증에 빠져서 귀국했습니다. 바이닝의 문화는 사례를 찾아볼
수 없을 만큼 지루했거든요.

바이닝족의 사회는 매우 따분했습니다. 그들에겐 신화, 종교,
지배 계층이 없었습니다. 모든 사람이 평등하고 누구나 일에 열
중했어요. 그들은 그저 일만 했고 문화라고 부를 만한 게 존재하
지 않았습니다.

시간이 흘러 1960년대에 하버드대학을 졸업한 또 다른 인류
학자 제러미 풀(Jeremy Pool)이 그곳을 다시 찾았습니다. 그는 훌
륭한 학자였지만 결과는 똑같았어요. 아내와 함께 15개월 후에
우울증 상태로 돌아와 인류학 연구까지 그만뒀습니다.

1990년대에 들어 다른 인류학자 제인 파잔스(Jane Fajans)가
처음으로 바이닝 문화가 왜 지루한지 밝혀냈습니다. 바이닝에서
는 아이들이 마음껏 뛰어놀 수 없었고, 놀면 벌을 받으니 제대로

된 놀이를 할 수 없었습니다.

바이닝의 교육 과정은 가능한 한 빨리 한 사람의 일꾼으로 육성하는 게 목적이었습니다. 그 결과 문화가 존재하지 않게 된 거지요.

네덜란드의 역사학자인 요한 호이징가(Johan Huizinga)는 호모 사피엔스는 호모 루덴스로, 놀이가 우리의 본질이라고 역설했습니다. 우리는 놀이로 이야기를 만들고 문화를 창조하지요. 하지만 일에 집중하는 사회에서는 혁신이나 창조성, 문화를 창출할 수 없습니다.

네덜란드인, 미국인 혹은 일본인이 바이닝과 같다는 말은 아니지만, 우리는 그 방향을 향해 걷고 있습니다. 일밖에 하지 않는 사회로 이행하고 있다는 뜻입니다.

케인스나 아이작 아시모프(Isaac Asimov) 같은 역사적으로 위대한 사상가나 SF 작가도 우리의 미래에 발생할 가장 큰 과제는 '지루함'이라고 했습니다. 자유 시간이 많아지면 우리는 무엇을 해야 좋을까요.

저는 도전을 우려하는 게 아닙니다. 노동 시간이 짧은 나라들을 자세히 들여다보면 그들은 사회적 자본이 매우 튼튼하다는 것을 알 수 있습니다. 그들은 다양한 방법으로 남은 시간을 생산적인 일에 소비합니다. 단순히 즐기기 위해 쓰는 경우도 종종 있겠지만 말입니다.

그래서 미래의 교육은 '어떻게 하면 의미 있는 삶을 살 것인가'를 제대로 가르쳐야 합니다. 단순히 일하기 위한 준비가 아니라 더 좋은 삶을 살기 위한 준비를 해야 합니다. 그러면 지루하다는 과제에도 적절히 대처할 수 있겠죠. 우리는 새로운 것을 창조해내는 생물입니다. 지금은 단지 그 본성에 역행하고 있을 뿐입니다.

Chapter 7

데이터 자본주의가 불러올 격변의 미래 사회를 준비하라

데이터가 부의 원천인 시대에 어떻게 살아갈 것인가

우리는 부유층이 점점 더 부유해지는 세상에 살고 있는 게 아닙니다. 지금은 자본가, 대부분 열심히 일하고 저축한 소규모 자본가가 보상받지 못하는 세상일 뿐입니다. 그들은 자본과 저축, 일해서 얻는 보상에서 손해를 봅니다. 그래서 기업의 이익에 과세해야 하고, 그것은 결국 대기업이 휘두르는 힘의 원천을 줄이는 일입니다. 이를 위해 제가 제안한 아이디어 중 하나는 데이터 납세 의무화입니다.

Viktor Mayer-Schönberger

빅토어 마이어 쇤베르거

빅토어 마이어 쇤베르거

1966년생. 하버드대학 케네디스쿨을 거쳐 옥스퍼드대학 교수로 재임하고 있다. 빅데이터 연구 분야의 세계적인 권위자로 네트워크화된 경제 체계의 정보 역할이 주요 연구 주제다. '잊혀질 권리(Right to be Forgotten)'를 주장해 세계적으로 알려졌다. 저서로는 《빅데이터가 만드는 세상(Big Data: A Revolution That Will Transform How We Live, Work, and Think)》(케네스 쿠키어Kenneth Cukier 공저) 《데이터 자본주의(Reinventing Capitalism in the Age of Big Data)》(토마스 람게Thomas Ramge 공저) 등이 있다. 2014년 월드 테크놀로지 어워드 법률 부문을 수상했다.

빅데이터의 세계적 권위자로 알려진 빅토어 손베르거의 전문 분야는 인터넷 규제다.

그는 데이터 시대의 본질을 꿰뚫은 《빅데이터가 만드는 세상》으로 전 세계의 많은 주목을 받았다. 그로부터 몇 년이 흐른 지금, 데이터는 자본주의의 형태를 바꿀 만큼 강력한 힘을 보유하게 되었다.

2012년 1월 유럽위원회는 EU 데이터보호지령을 대신할 'EU 일반개인정보 보호규정(GDPR)'을 입법하고 '잊혀질 권리'를 명문화했다. 손베르거 교수는 잊혀질 권리 제안자 중 한 명으로 세상에 이름을 알렸다.

•

2018년에 출판한 《데이터 자본주의》에서는 정보 매체로서의 가격과 화폐 가치의 몰락을 지적하고, '조정(Coordination)'이야말로 인간의 최대 발명이라고 주장했다.

손베르거와 토마스 람게의 참신한 관점은 독자를 놀라게 한다. 이 책의 가장 독특한 관점은 시장이 화폐 중심에서 데이터 중심 시장으로 이행한다는 점이다. 지금까지는 '가격'이라는 숫자에 취향이나 욕구에 맞는 제품의 질이나 서비스가 응축되어 있었지만, 데이터 중심 시장에서는 가격의 역할이 감소하고 '매칭'의 중요성이 훨씬 늘어난다.

대표적인 사례가 아마존의 추천 시스템(Recommender system)이다. 가끔 아마존에서 "고객님의 쇼핑이나 열람 이력에 근거한 상품을 추천합니다"라는 이메일이 오곤 하는데, 이것이 바로 가격 중심이 아닌 고객의 취향과 욕구에 근거한 매칭이다.

이 책의 정점은 '데이터 납세'라는 개념이다. 자동차 회사라면 탑재한 센서로 수집한 데이터를 익명으로 처리해 국민에게 환원하고, 정부는 데이터를 활용해 교통 안전을 향상할 수 있다. 이러한 쇤베르거 교수의 주장을 이해하면 그의 참신한 발상을 충분히 납득할 수 있을 것이다.

●

금융 자본주의에서 데이터 중심 시장으로 전환

《데이터 자본주의》에서 빅데이터 혁명은 자본주의가 기능하는 방법을 바꿀 것이라고 주장하셨는데 이 혁명은 기존의 화폐 중심 자본주의(금융 자본주의)를 어떻게 변화시킬까요.

지금의 자본주의 중심 시장은 경이적으로 성공한 체제입니다. 사람들은 서로 협력하고 조정(협조)할 수 있습니다. 하지만 제대로 조정하려면 많은 정보가 시장에서 공유되고 사람들의 취향이나 욕구 파악이 선행되어야 합니다. 자기가 수집한 정보를 바탕으로 의사 결정을 해야 하니까요.

그러나 정보의 비교 대상이 너무 많고 우리 뇌에도 한계가 있습니다. 인류는 이를 해결하기 위해 취향이나 욕구에 맞는 제품의 질이나 서비스를 하나의 숫자로 전환하는 방법을 고안해냈습니다. 그것이 바로 '가격'이지요. 가격을 기반으로 한 시장은 가격 정보만 교환하면 거래할 수 있어 매우 효율적으로 기능합니다.

가격으로 나타낼 수 있는 것, 즉 화폐에는 많은 의미가 있습니다. 가격 중심 시장에서 화폐는 가치 보존 및 교환 수단일 뿐 아니라 시장 거래를 원활하게 하는 중요한 윤활유입니다. 이것은 금융 자본주의의 등장에 크게 공헌했습니다. 가격 중심 시장에서는 금융 자본과 자본가의 역할이 가장 중요하지요.

그런데 지금 금융 자본주의가 점점 변하고 있습니다.

이유는 지금 세계가 가격 중심 시장에서 탈피해 '데이터 중심 시장'으로 이행하기 때문입니다. 이는 모든 정보를 가격이라는 하나의 숫자에 응축할 필요가 없어졌다는 의미입니다. 가장 저렴한 제품을 찾기 위해서가 아니라 자신의 욕구에 딱 들어맞는 최상의 상품을 찾기 위해 표준적인 방법을 채택한다는 뜻이지요.

데이터 중심 시장에서는 가격의 중요성이 낮아지고 화폐나 자본의 역할이 축소됩니다. 가격 중심 시장이 데이터 중심 시장으로 이행하면 금융 자본주의의 종말과 함께 '데이터 자본주의'가 등장하겠지요.

●

데이터 개방이 혁신을 일으키다

그러나 어떤 데이터든 편향되어 있다고 합니다. 데이터나 AI에 너무 의존하면 우리의 결정이 올바른 것인지를 판단하기가 더 어려워지지 않을까요.

그 말에 전적으로 동감합니다. 모든 알고리즘이나 기계 학습 시스템도 인간의 행동을 기반으로 한 데이터이므로 어떤 종류든 편향되어 있습니다. 대니얼 카너먼(Daniel Kahneman)은 그 이론으로 2002년에 노벨 경제학상을 받았지요. 그는 인간의 인지 프로세스에 발생하는 오류를 정확하게 지적했습니다.

우리에게는 어떤 금액을 얻는 효용보다 잃는 손실을 회피하려는 '손실 회피 편향'이 있습니다. 그뿐 아니라 가설이나 신념을 검증할 때, 자기의 주장을 지지하는 정보만 모으고 반증하는 정보를 무시하는 '확증 편향'도 있습니다. 이외에도 다양한 편향이 있는데 이러한 인간의 왜곡을 바로잡기 위해 컴퓨터가 우리의 행동을 관찰하고 훈련하면 인간과 유사한 인지 능력과 특징을 갖게 됩니다.

컴퓨터의 결정 능력이 떨어진다는 말이 아니라 우리와 비슷한 수준이 될 것으로 예상합니다. 자신의 결정에 항상 만족하면 컴퓨터도 우리에게 적절한 대안을 추천하겠지요. 하지만 그 안에 들어 있는 자신의 편향을 수정하지 않으면 컴퓨터가 사람보다 더 현명한 결정을 하기는 어렵습니다.

제가 바나나를 좋아하고 오렌지를 싫어하는 경향이 있다면 이런 편향을 컴퓨터가 정확히 인식하는 게 바람직합니다. 제대로 인식하지 않으면 컴퓨터는 제가 싫어하는 오렌지를 '이게 더 몸에 좋아요'라고 추천할지 모르니까요. 개개인의 취향에 맞춘 어느 정도의 편향이라면 그다지 나쁜 아이디어가 아니라고 판단합니다.

데이터 중심 시장에서는 가격보다 매칭이 더 중요하다는 말씀이시죠.

그렇습니다. 우리는 매칭을 중요하게 생각합니다. 아마존 소비자들이 사이트의 추천 상품을 좋아하는 이유는 자기가 원하는 상품을 찾는 데 도움이 되어서입니다. 검색 비용을 들이지 않고 최적의 상품을 고르는 데 드는 시간도 줄일 수 있지요.

만약 취향과 다른 추천을 한다면 우리는 모두 잘못된 의사 결정을 하겠지요. 그러면 시장은 활기와 회복력을 잃고 한곳으로 집중됩니다. 그것은 시장이 아니라 계획 경제의 영역입니다. 다시 말해 경제의 자원 배분을 시장의 가격 조정 메커니즘에 맡기는 게 아니라 국가의 재원 균형에 입각한 계획으로 분배하는 체제지요.

추천 기능이 바로 매칭 구조입니다. 하지만 AI가 구매 이력의 의미까지 이해한 게 아니라 최선의 매칭이라고 판단하기는 어렵잖아요.

물론 추천 자체가 오류일 가능성이 있습니다. 기업 측에서 그런 결함을 알지 못하기도 하죠. 그렇다고 완벽한 알고리즘을 만드는 게 해결책은 아닙니다. 다른 조언자를 둬야 합니다. 우리가 쇼핑할 때 아내나 친구를 데려가서 자기 이외의 시점으로 상품을 평가하는 것과 유사합니다. 그렇지 않으면 영원히 매칭 오류를 깨닫지 못할 테니까요.

데이터 중심 시장도 마찬가지지만 지금은 그것이 가능한 상황이 아닙니다. 아마존 상품을 추천할 수 있는 것은 아마존뿐입니다. 아마존은 자신들의 데이터에 제삼자 접근을 허용하지 않으니 다른 사람이 관여하기는 어렵습니다. 지금 단계에서 아마존 추천 시스템에 제삼자의 시점을 도입하기는 힘들다는 얘기입니다.

아마존이 독점 기업이 되지 않으려면 어떻게 해야 할까요.

일정한 강제력을 바탕으로 제삼자가 아마존의 데이터에 접근할 수 있도록 개방해야 합니다. 그러면 외부에서 정보를 활용해 상품을 추천할 수 있겠지요.

데이터 개방은 정부의 개입도 필요합니다. 미국에서는 아마존과 구글의 기업 분할을 요구하는 목소리가 높지만 저는 분할이 아니라 데이터 개방을 권합니다. 그러면 더 많은 혁신 기업이 탄생할 겁니다. 스타트업이 늘어나고 시장도 지금보다 훨씬 나아지겠지요.

●

GAFA의 세계 경제 독과점은 계속될 것인가

데이터 중심 시장은 회사 경영을 어떻게 변화시킬까요.

계층형(Hierarchie) 조직을 붕괴시키겠지요. 데이터 중심 시장은 기존의 집권적 기업과 달리 분권적입니다. 데이터 중심 시장이 등장하면 계층형 조직의 기업은 '지금보다 더 효율화할 방법을 제시하라'라는 압박을 받을 겁니다.

그런데 계층형 조직이 효율을 높이려고 한층 더 집권적으로 변하는 사례가 종종 있습니다. 국가를 불문하고 그런 조직을 몇 번이나 보았습니다. 기업이 살아남으려면 계층형이 아니라 경쟁 활성화를 위해 조직 내에 여러 시장을 형성하는 방법을 모색해야 합니다.

말하자면 조금 더 평평한 조직이 되어야 합니다. 평평한 기업은 조직 내에서 다른 부서의 공모에 지원할 수 있는 시장처럼 구성되어 있습니다. 그런 상황에서는 가격의 역할이 훨씬 작아지겠죠.

데이터 중심 시장의 승자는 계층 구조가 약한 기업이겠군요.

틀림없이 그럴 겁니다. 스웨덴 기업인 스포티파이테크놀로지가 운영하는 음악 스트리밍 서비스 스포티파이(Spotify)가 좋은 사례입니다. 기업 내에 계층은 없고 서로 다른 그룹들이 경쟁하는 구조입니다.

흥미롭게도 회사 내에는 '실패의 벽(Failure wall)'이 마련되어 있습니다. 누군가가 실패할 때마다 자세한 내용을 공유하는 게시판입니다. 직원들은 항상 그 게시판을 보며 실패 사례를 타산지석으로 삼을 수 있지요.

글로벌 경쟁이 치열한 가운데 똑같은 오류를 범하는 것은 뼈아픈 일입니다. '실패의 벽'은 시장이 배우고 조정하는 것과 같은 방법입니다. 어느 계층 조직의 기업이 같은 실패를 반복하는 것과 무척 대조적이지요.

앞으로도 거대 IT 기업 GAFA가 세계 경제의 승자로 남아 있을까요.

사회나 정부가 GAFA(Google, Amazon, Facebook, Apple)를 억제하지 않는 한 계속 승자로 남아 있겠지요. 현재 미국의 반독점법은 GAFA를 억제할 만큼 강력하지 않습니다. 1998년 미국의 마이크로소프트는 OS와 검색 소프트웨어(브라우저)의 결합 판매로 미국 법무부로부터 제소당해 비즈니스 모델에 제재를 받았습니다. 그 여파로 인터넷 확산 물결에 뒤처져 IT 업계에서 지위가 낮아지고 말았죠. 하지만 현재의 법률 구조상 구글의 시장 독점을 제한할 방법은 없습니다. 현실에 맞는 규칙 개정이 필요한 시점입니다.

GAFA 같은 IT 거인이 계속 시장을 독점하면 국가의 의사 결정에 영향을 끼칠 가능성도 있습니까?

물론입니다. 이는 혁신 이론의 아버지 중 한 명인 조지프 슘페터가 1930~1940년대에 우려하던 일입니다. 슘페터는 혁신과 창조적 파괴의 필요성을 주장했습니다. 하지만 그는 혁신이 대기업에서만 일어나 독과점에 빠지는 일을 우려했지요. 그러면 시장이라고 부를 수 없으니까요.

다행히도 슘페터가 우려하던 일은 일어나지 않았습니다. 반도체 산업이 등장해서죠. 성장 가능성이 높은 미상장 기업에 자금을 주식 투자 형태로 지원하는 투자 펀드인 벤처 캐피털도 있고, 많은 사람의 훌륭한 아이디어도 있었습니다.

하지만 앞으로는 학습 알고리즘이 필요할 겁니다. 데이터 접근성이 보장되지 않으면 아무리 좋은 아이디어라도 성공하기 힘들 테니까요.

권위주의 체제인 중국이 앞으로 빅데이터를 독점할 거라고 우려하는 목소리가 꽤나 높습니다. 그런 중국의 체제를 '디지털 레닌주의'라고 부르는데 이는 자본주의를 향한 도전이라고 볼 수 있을까요.

중국의 경제 시스템을 진단하기는 매우 어렵습니다. 경제 구조가 거대하고 다양성도 있죠.

중국을 직접 방문해보고 알리바바나 텐센트 같은 대기업만 성공한 게 아니라 규모가 작은 기업도 많다는 점에 놀랐습니다. 유럽인 대부분은 아마존에서 쇼핑하지만, 중국인은 모두가 알리바바만 이용하지 않습니다.

중국은 다른 기업들이 시장에 참가할 수 있도록 생태계를 조성했습니다. 당신은 아마존 시장에서 판매자가 될 자격은 있어도 추천자는 될 수 없습니다. 아마존이 당신에게 데이터 접근을 허가하지 않으니까요.

중국에는 서로 긴장 관계를 유지하는 2가지 체계가 존재합니다. (1) 하나는 서양에서 볼 수 있는 집권형, (2) 다른 하나는 분산형 체계입니다.

중국은 시장 규모가 커서 여러 명의 승자가 나올 수 있습니다. 최종적으로 공산당 정부가 무엇을 원하는지가 가장 중요하겠지만 말입니다.

●

조직 구조를 바꾸기 어려운 은행의 어두운 미래

시장 움직임의 원동력인 화폐가 데이터로 대체되면 은행의 기능도 완전히 달라지겠죠.

은행은 수십 년 동안 가격 중심 시장에서 최적화된 기능으로 성공을 거뒀습니다. 스포츠에 비유하면 은행은 계속 축구를 해온 거죠.

그런데 데이터 중심 시장으로 바뀌며 갑자기 아이스하키를 해야 합니다. 은행의 조직 구조는 화폐에 최적화되어 있어 곧바로 순응하기는 어려울 겁니다.

축구 선수가 갑자기 아이스하키를 잘할 것 같진 않습니다.

조직 구조 자체를 바꿀 수 없는 은행은 언젠가 문을 닫을 겁니다. 은행에는 3가지 비즈니스 모델이 있습니다. (1) 대출, (2) 투자 지원, (3) 결제입니다.

지금은 금리가 낮아서 은행에 돈을 맡겨도 이자가 적습니다. 은행의 투자 부문은 엄청난 손실을 내고 있어요. 실리콘밸리에 자본이 남아돌기 때문이죠. 결제는 애플페이나 구글페이 같은 전자 결제 서비스가 좀 더 저렴합니다. 은행의 미래는 상당히 비관적입니다.

처방전은 데이터 납세

프랑스의 경제학자 토마 피케티는 '자본의 분배' '부의 재분배' 차원에서 글로벌 자본 과세 강화를 제안했습니다. 그런데 데이터 관점에서 '데이터 납세'라는 개념을 제안하셨지요.

피케티는 서양 특히 미국의 노동 분배율이 감소하는 점을 지적했습니다. 이는 GDP 대비 노동자의 임금 비율이 낮다는 것을 의미합니다. 그래서 경제학자들은 자본 분배율을 높여야 한다고 주장했지요.

최근 들어 상세한 데이터에 접근할 수 있는 경제학자들이 자본 분배율 감소를 객관적으로 증명해냈습니다. 자본가가 자본을 활용해 얻는 이익이 감소하고 있다는 사실이지요.

그렇다면 누가 승자가 될까요.

아마존, 구글, 애플 같은 기업들은 여전히 이익을 내겠지요. 흥미로운 점은 애플이 1,000억 달러의 이익을 내고 그 이익을 다른 곳에 투자하더라도 돌아올 이익을 기대할 수 없다는 겁니다.

우리는 부유층이 점점 더 부유해지는 세상에 살고 있는 게 아닙니다. 지금은 자본가, 즉 대부분 열심히 일하고 저축한 소규모 자본가가 보상받지 못하는 세상일 뿐입니다. 그들은 자본과 저축, 일해서 얻는 보상에서 손해를 봅니다. 그래서 기업의 이익에 과세해야 하고, 그것은 결국 대기업이 휘두르는 힘의 원천을 줄이는 일입니다. 이를 위해 제가 제안한 아이디어 중 하나는 데이터 납세 의무화입니다.

세계는 제프 베조스(Jeff Bezos)가 아마존의 데이터를 개방하고, 수천에 달하는 작은 스타트업이 그 데이터를 사용해 한층 더 좋은 제품을 만들어낼 때 비로소 바뀔 것입니다.

제프 베조스는 데이터 납세를 이해할까요.

만약 베조스가 아마존을 분할하거나 위법성을 추궁당하거나 데이터 접근을 허용하는 것 중 하나만 선택해야 한다면 데이터 접근 허가를 선택하리라고 봅니다.

인간의 특권은 의사 결정의 자유

지금 세계적으로 활발하게 논의되는 기본 소득도 주장하셨죠.

기본 소득을 극단적인 형태로 주장하면 물의가 생깁니다. 논의되는 것은 생활하기에 충분한 보편적 기본 소득을 모든 사람이 받는 방식이지요.

하지만 제가 제안하는 수준은 기본 소득만으로는 충분하지 않아 다른 일을 해야 할 정도의 금액입니다.

일부러 생활에 충분한 돈을 지급하지 않으므로 일에 대한 유연성이나 일자리를 선택할 자유도가 증가합니다. 그러면 사람들은 임금이 높은 직장뿐 아니라 자기가 가장 만족하는 일을 선택할 수 있습니다. 선택 옵션이 늘어나면 행복도가 증가하겠지요. 수입이 20% 적어지더라도 그만큼을 기본 소득으로 보충하는 겁니다. 이를 통해 자기가 좋아하는 일을 하거나 사회에 공헌할 기회를 늘릴 수 있습니다.

그러면 한 가지 일에 집착할 필요도 없어지겠군요.

가격 중심 시장은 풀 타임 고용이 기본입니다. 일주일에 40시간 근무, 제로 아워 계약(Zero-Hour Contract)의 세계지요. 그런데 높은 수입을 얻을 수 있는 주 20시간의 일자리와 15시간의 자원봉사 활동을 조합할 수 있다면 얼마나 멋지겠어요.

AI를 활용한 자동화는 단순 노동에 한정된다는 전망이 대세인데, 관리직이나 경영자도 자동화의 영향을 받을 것이라고 하셨잖아요. AI가 고도의 의사 결정을 하는 날이 왔을 때 인간에게 요구되는 능력은 무엇일까요.

관리직이나 경영자에게 AI의 여파가 끼친다 해도 그들은 여전히 해야 할 일이 많습니다. 기업의 의사 결정은 우리가 일상에서 화장지를 얼마만큼 살지 고민하는 것처럼 단순하지 않습니다. 신제품을 개발할 것인가, 시장에 진출할 것인가, 공장을 폐쇄할 것인가 등 고도의 결단력이 필요합니다. 매일 반복되는 형식의 의사 결정은 추천 기능을 활용하면 되지만 기업의 복잡한 결정에는 적합하지 않습니다.

그러나 매일 유사한 결정을 내려야 하는 낮은 직급의 관리직은 일자리를 위협받을지 모릅니다. 그보다 더 낮은 수준의 의사 결정은 AI로 대체되겠지요.

따라서 미래의 경영자는 특정 분야의 지식만 쌓을 게 아니라 다방면의 교양을 익혀둬야 합니다.

우리가 AI에 의사 결정을 너무 의존하면 결정의 자유를 잃을 수 있습니다.

우리가 확실히 해둬야 할 것은 컴퓨터에 어떤 의사 결정을 맡길 것인지 선택하는 일입니다. 국왕이 아닌 이상 자신의 의사 결정을 누군가에게 맡길 수는 없습니다.

의사 결정을 컴퓨터에 맡길 것인가 아니면 스스로 할 것인가. 아름다운 미래란 그런 선택을 직접 할 수 있는 시대입니다. 의사 결정의 자유는 우리에게 주어진 특권입니다. 자기에게 가장 중요하거나 곤란하거나 최고의 보상을 받기 위한 결정은 따로 구분해놓겠지만 말입니다.

일률적이고 사무적인 결정은 컴퓨터에 맡기고요.

그렇지 않으면 우리의 시간뿐 아니라 창의적인 재능과 정신을 낭비하게 됩니다. 우리는 현실에서 큰 돌을 직접 옮기지 않고 기계에 맡기잖아요? 그것과 같습니다. 우리는 돌을 옮기거나 의미 없는 일 처리를 힘들어합니다. 그래서 스스로 잘하는 일에 집중하고 힘든 일은 AI에 맡기면 됩니다. 최종적으로 어떻게 될지 모르지만 지금 인류는 이행기에 있습니다. 우리는 산업혁명의 한복판에 서 있는 거죠.

Special Chapter

근대 산업 문명과 경제 체제의 종언을 마주하다

중심주의 세계관의 종언을 맞이하다

산업 사회는 중심과 주변으로 구분하는 중심주의 세계관의 사회였다. 그러나 오늘날 우리는 모든 것이 연결된 세계, 상호 의존과 협력이 필요한 세계에서 살고 있다. 그동안 인류는 산업 문명의 세계관으로 살아가는 것이 지속 불가능하다는 인식을 해왔다. 코로나19로 인해 이러한 사고는 극적 전환점(Tipping point)을 맞이했다. 사고와 패러다임의 전환, 인간형의 변화 등이 없으면 공멸할 수밖에 없다는 자각에 도달한 것이다.

Choi, Pae Kun

최배근

최배근

미국 조지아대학에서 경제학(미국 경제사)을 전공하고 건국대학교 경제학과 교수로 근무하고 있다. 경제사학회 회장을 역임했고, 최근에는 더불어시민당을 창당(공동대표)해 현실 정치에 참여하기도 했다. 유튜브 채널 '최배근TV'를 통해 대중과 활발하게 소통도 하고 있다. 2009년부터 현재까지 매년 '국제인명사전(Who's Who in the World)'에 선정되어 수록되고 있고 영국 케임브리지 국제인명센터(IBC)로부터 세계 100대 경제학자로 선정되기도 했다. 저서로는 《이게 경제다》(2019) 《위기의 경제학? 공동체 경제학!》(2018) 《세계화, 무엇이 문제일까?》(2017) 등이 있다. 현재 《4차 산업혁명은 새로운 처음》《K-경제》《마찰 없는 경제》 등의 저술을 하고 있다.

• 편집자 주

본고는 원서인 《未完の資本主義》에 포함되어 있지 않던 원고로, 한국어판 단행본에 특별히 추가된 것입니다. 코로나바이러스감염증-19 이후 급변한 국내외 상황 반영 및 '자본주의와 경제의 미래'에 대한 한국 경제학자의 시선을 담기 위해 추가로 기획된 원고입니다. 이 같은 취지에 동감하여 원고를 집필해주신 최배근 교수님과 출간을 승낙해주신 PHP출판사 관계자 여러분께 깊은 감사의 뜻을 전합니다.

코로나19는 티핑포인트

코로나19 이후의 세계는 이전의 세계와 다를 것이라고들 한다. 그런데 그 이야기 속에는 어떻게 다른 세계가 전개될지에 대한 구체적인 내용이 없다.

코로나19는 코로나19 이전부터 진행된 근대 산업 문명의 수명 소진을 재차 확인시켜주었다. 코로나19는 단지 확인 사살을 했을 뿐이다. 산업 사회는 중심과 주변으로 구분하는 중심주의 세계관의 사회였다.

그러나 오늘날 우리는 모든 것이 연결된 세계, 상호 의존과 협력이 필요한 세계에서 살고 있다.

그동안 인류는 산업 문명의 세계관으로 살아가는 것이 지속 불가능하다는 인식을 해왔다. 코로나19로 인해 이러한 사고는 극적 전환점(Tipping point)을 맞이했다. 사고와 패러다임의 전환, 인간형의 변화 등이 없으면 공멸할 수밖에 없다는 자각에 도달한 것이다.

●

연결의 세계: 통합 효과와 전염 효과

세상의 연결은 자유 무역과 자본의 자유로운 이동 등 경제 통합으로 시작되었다. 여기에 1990년대 IT 혁명은 세상의 모든 것이 기술적으로 연결되는 것을 가능케 했다. 데이터의 중요성이 부상하면서 사람을 항상 연결하는 플랫폼 사업 모델이 등장했다. 그 결과 데이터 혁명과 AI 기술이 발전했다. 초연결 사회가 도래한 것이다. 그런데 금융 위기 전까지 세상의 연결이 강화되면서 (시장) 통합의 효과만 강조했다.

연결의 세계에는 연결망의 한 부분에 문제가 발생하면 전체로 확산하는 '전염 효과'가 존재한다. 대표적인 사례로 미국발 글로벌 금융 위기와 유로존 위기 등을 꼽을 수 있다. 연결의 세계에서 발생한 위기의 규모가 특정 국가에서 발생했던 위기의 규모를 뛰어넘는 이유도 전염 효과 때문이다. 그래서 연결의 세계에서는 통합 효과를 극대화하고 전염 효과를 예방할 수밖에 없다. 전염 효과가 무섭다고 고립되어 살던 과거로 돌아가는 것은 불가능하다. 전염 효과를 최소화하려면 상호 협력과 자기 책임성(자율성)이 뒷받침되어야 하며, 협력과 자율성이 발휘되려면 서로에 대한 신뢰가 확보되고 함께한다는 연대가 전제되어야 가능하다.

●

중심주의 세계관의 파산

지금까지 중심국이던 영국이나 미국 등 패권국들과 패권국을 지향하는 선진국들은 협력의 필요성을 인정하지 않는다. 자신들은 주변국에 영향을 끼칠 수 있지만 반대로 주변국들은 자신들에게 영향을 끼칠 수 없다고 생각한다. 중심국은 위기가 발생해도 자신의 힘으로 해결할 수 있다고 믿는다. 이를테면 미국발 글로벌 금융 위기 이후 국제 공조로 세계 경제의 추락을 막아냈음에도 불구하고 자국의 경제 위기는 자신이 가진 수단(양적 완화=달러 찍어내기)으로 해결했다고 생각한다.

물론 미국은 자국이 주변국들로부터 영향을 받는다는 것을 안다. 금융 위기의 한 원인을 미국·중국·한국·일본·중동 산유국 간의 심각한 국제 수지 불균형을 일컫는 '글로벌 불균형'으로 파악하고 G20을 만들어 해결하려고 했다. 자국의 경제 주권이 훼손되는 것을 막기 위해 주요 교역국에 대미 무역 수지 및 경상 수지의 흑자 축소를 요구하기도 했다. 하지만 G20 정상회의에서 이 요구를 관철하는 데 실패했다.

자본 이동이 급증한 세계에서 주변국들은 달러의 안정적 확보가 통화 주권(환율 안정)을 지키고 외환 위기를 예방하는 주요 수단이다. 무역 수지 및 경상 수지의 흑자 기조를 포기할 수 없다. 따라서 이 문제를 해결하려면 주변국들이 위기 시 충분한 달러 유동성을 공급받는 조건으로 과도한 무역 수지 및 경상 수지의 흑자 추구를 자제하는 방법 외에는 없다.

그러나 미국은 이 방안을 거부했다. 대신 국내법을 변경하고 힘을 동원해 주요 교역국들에 대미 무역 수지 및 경상 수지 흑자 축소를 강요하고 있다. 문제는 주변국이 미국의 힘에 굴복해 달러 확보를 포기할 경우 통화 주권 약화와 경제 위기의 일상화 속에서 살아갈 수밖에 없다는 점이다. 이처럼 현재 중심국인 미국은 힘(달러와 군사력 등)으로 문제를 해결할 수 있을 뿐 아니라 주변국들이 자국에게 영향을 끼치는 것을 차단할 수 있다는 중심주의 세계관에서 벗어나지 못하고 있다.

●

코로나19와 중심주의 세계관의 종언

빠른 확산과 무차별적인 전염의 피해를 보여준 코로나19는 중심주의 세계관에 사망을 선고했다. 미국과 서유럽 국가들은 전염을 차단하기 위해 국경을 봉쇄했으나 효과를 보지 못했다. 전

통적인 선진국들은 감염의 확산을 막기 위해 강제 격리(Knock-down)를 동원함으로써 경제 붕괴를 초래했다. 그 결과 코로나19에 대한 통제가 되지 않은 상황에서 경제 활동 재개를 강요받게 되었다.

특히 미국이 가진 핵심 경쟁력인 달러와 군사력은 코로나19가 가져온 위기를 해결하는 데 무기력한 모습을 보였다. 2월 24일~5월 19일에 연방준비제도(FED)가 새로 찍어낸 달러는 약 2조 9,000억 달러에 달했다. 이는 금융 위기가 본격화된 2008년 9월 1일~12월 1일의 3개월 동안 FED가 찍어낸 약 2조 달러와 비교된다. 정부도 4월까지 4차례 추경을 통해 2조 9,000억 달러를 투입했는데 이는 미국 GDP의 14%, 2020년 연방 예산 규모의 62%에 해당한다.

게다가 '취약한 사회 안전망과 유연한 노동 시장'을 가진 미국 사회는 사망 선고를 받았다. 의료보험이 기본적으로 직장과 연계되어 있고 최대 실업 급여 기간이 6개월에 불과하며 전체 미국민 중 21%는 저축이 없는 형편이다. 그래서 실직하는 순간 생존의 위기에 내몰린다. 코로나19에 감염되어 죽기 전에 굶어 죽을지 모른다며 비상사태와 자택 대피령 해제를 요구하는 배경이 여기에 있다.

전통적 선진국의 경제 붕괴는 문화 실패의 결과이기도 하다.

서구의 중심주의 세계관은 개인주의 문화와 밀접한 관련이 있다. 개인의 존엄을 최고의 가치로 간주하는 개인주의 문화는 개인의 존엄 추구가 타인의 존엄을 침해하지 않는 것을 전제로 한다. 이는 개인의 선택이 다른 사람에게 영향을 끼치지 않고, 적어도 자국의 주권이 다른 국가로부터 침해받지 않는다는 근대 산업 사회의 세계관이 작동했을 때 유효했다.

따라서 상호 영향을 주고받는 연결의 세계에서 개인주의 문화는 한계를 보일 수밖에 없다. 미국과 주요 서유럽 국가들의 피해가 극심했던 이유가 이것이다. 일본의 무기력도 과거 경험에 기반을 둔 '매뉴얼' 의존과 '수치 문화'에서 비롯했다. 매뉴얼은 '새로운 처음' 앞에 작동할 수 없다. 그리고 정부의 무능력은 남들로부터 비난받거나 모욕당하는 것을 치욕으로 받아들이는 일본인의 수치 문화 붕괴로 이어졌다.

반면 세계의 주목을 받은 K-방역은 연결의 세계와 관련해 시사하는 바가 크다. 한국은 국경 봉쇄를 하지 않음으로써 개방성을 최대한 유지했다. 그러나 개방은 전염의 확산이라는 리스크를 갖기에 전염을 최대한 차단해야 한다. 전염 차단은 정부와 개인의 역할 분담과 협조가 절대적이다. 정부는 검진과 진료를 무상 차원에서 적극적으로 추진하고 검역 과정을 투명하게 공개해 국민에게 신뢰를 얻었다. 정부에 대한 신뢰는 시민의 자발적 참여와 협력으로 이어졌다. K-방역의 성공은 연결의 세계가 요구하는 개방성, 투명성, 자발성, 연대와 협력 등이 발휘된 결과다.

이처럼 코로나19는 인간형의 변화를 강요하고, 국가 간 관계의 변화도 강요하고 있다. 자율성과 협력으로 인간관계와 국제관계를 재구성할 것을 요구하는 것이다. 나아가 인간과 동물, 인간과 자연, 인간과 인간, 국가와 국가 등의 공존과 공멸 중 선택을 강요한다.

코로나19는 일회성 사건이 아니다. 그러나 코로나 확산이 진정되면 금융 위기 이후처럼 언제 그랬냐는 듯이 과거로 회귀할 가능성이 크다는 게 문제점이다.

안타깝게도 코로나19가 일회성 사건이 아닌 이상 과거 방식의 대응은 시간 벌기에 불과할 것이다. 코로나19는 기후 위기, 자연 파괴, 경제 위기 등과 분리된 문제가 아니라 동전의 앞뒷면과 같음을 보여준다.

이런 점에서 현재 자본주의의 문제는 경제가 지속해서 성장할 것이라는 잘못된 전제를 바탕으로 설계한 제도들에 있다. 그런 점에서 성장이 멈추면 사회는 파탄에 직면하게 된다는 토마스 세들라체크의 지적을 귀담아들어야 한다. 《선악의 경제학》저자인 세들라체크는 경제학이 도덕적 가치를 살려 인간의 윤리적 감정에 적합한 자본주의를 만들어야 한다고 주장한다.

현재의 경제학은 인간의 본성에 부적합한 경제 시스템을 만들어 안타까운 결과를 초래했다. 비유적으로 말하자면 사람들은 격류 같은 경쟁 속에서 물에 빠져 죽는 사람이 없도록 서로 돕기보다 최고의 수영 선수를 선별하는 식으로 살아간다. 세들라체크는 경쟁을 인간의 본능으로 본다. 그는 비판을 허용하면서 자본주의를 영원히 진보할 수 있는 제도로 생각한다. 그러면서도 협력이 인간의 본능이라는 점을 부인하지 않는다. 그러나, 기후 위기, 자연 파괴, 경제 위기 등이 불평등과 무관하지 않고, 문제는 부자가 가난한 사람을 배려하기 위해 무거운(?) 세금을 납부하고 선진국이 가난한 국가에 과감한 지원을 하는 그런 자본주의를 과연 기대할 수 있느냐는 것이다.

●

세계 경제의 재건은 가능한가

코로나19는 적어도 대공황보다 나쁘다. 코로나19 이전에도 세계 경제는 매우 취약한 상태에 있었다. 미국은 금융 위기의 핵심 원인을 제대로 해결하지 못했다. 초금융 완화(새로운 부채)로 금융 위기(낡은 부채)를 덮었을 뿐이다. 초금융 완화가 장기간 지속하면서 좀비 기업의 증가 → 생산성 둔화 → 성장 둔화 → 초금융 완화의 지속이라는 '저금리 함정' 악순환에 빠질 정도로 경제 체력은 금융 위기 이전보다 크게 나빠졌다. 기술 기업들은 새로운 가치를 창출하기 위해 투자하기보다는 인수를 통해 시장 집중을 강화하거나 차입한 자금으로 바이백(Buyback)을 펼쳐 수익이나 주가를 끌어올리며 혁신을 약화시키고 말았다.

이런 점에서 격차의 원인을 경제학이 아니라 정치의 문제에서 찾는 폴 크루그먼의 주장에 주목해야 한다. 그는 부의 집중 완화, 저소득층에 대한 사회 안전망 강화, 부유층에 대한 과세 강화 등은 민주주의와 정치 강화로 해결할 수 있다고 역설했다.

그런 점에서 타일러 코웬의 주장은 낯설다. 그는 미국 경제에서 수요 부족은 더는 문제가 아니며 중산층 쇠퇴의 대표 원인은 고독이라 보았다. 또한 국가 재정의 부담이 증가하기에 사회 보장을 더는 확대하기 어렵다고 말한다. 하지만 이런 주장은 금융 위기 이후 노동 소득의 비중은 더 하락했고, 소득 불평등도 더 심해진 현실을 반영하지 못한다.

한편 미국과 중국의 무역 분쟁은 외국 기업에 대해 불공정을 강요하는 중국 방식이 원인을 제공하는 측면이 있다. 미국의 혁신은 약화하고 있는데 중국이 추격해오니 미국 입장에서 초조할 수밖에 없다. 중국의 추격을 늦추는 전략은 시간 벌기에 불과하다. 근본적인 해법은 미국의 혁신 지체를 해결하는 데 있다. 미국의 혁신이 활발하다면 중국의 추격은 크게 문제되지 않을 것이다.

일본 경제는 구조적으로 정상화가 불가능하고, 유럽 경제는 '일본화' 가능성이 짙어지고 있다. 먼저 일본 경제는 지난 30년 간 생산과 소비가 정체할 정도로 장기 불황이 지속되고 있다. 아베노믹스로 엔화 기준의 명목 GDP가 증가했다고 하지만 일본은행 통화 발행액의 14%에 불과하다. 달러 기준 일본의 2019년 GDP는 아베 정권이 출범하기 직전인 2012년보다 18%나 하락했다. 코로나19 이전까지 수출액도 엔화 기준으로는 증가했지만 달러 기준으로는 감소했다. 이는 수출 물량에 변화가 없음을 의미한다. 일본 상품의 세계 시장 점유율이 하락하는 배경이 이것이다. 코로나19 이전의 주가 상승도 일본은행의 증권 매입으로 이뤄진 것에 불과하다. 이런 점에서 일본 경제가 "미국을 비롯한 G7 어느 나라보다 좋다"는 크루그먼의 주장은 근거가 취약하다.

예를 들어 크루그먼은 일본 취업자 1명당 노동 생산성 상승률은 미국과 대등할 정도라고 주장했다. 이것을 인용한 일본 생산성본부의 추정에 따르면, 2000년 일본의 시간당 노동 생산성은 미국의 70% 정도였는데 2017년에는 약 64% 수준으로 하락했다. G7 국가 중 최하위다. 문제는 2018년 '일하는 방식 개혁'법이

제정되어 2018년 일본의 평균 연간 노동 시간(1,680)이 미국의 1,786시간보다 약 100시간 적어졌음에도 불구하고 시간당 노동 생산성은 63% 수준으로 하락했다는 점이다. 이는 경제성장률의 차이에서 비롯한다. OECD 자료(GDP per hour worked)에 따르더라도 2001~2018년간 일본의 노동 생산성은 연 0.97% 증가한 반면, 미국은 연 1.4%, OECD 평균은 연 1.1% 상승했다. 참고로 한국은 같은 기간 연 3.9% 상승했다.

이런 자료 인용 실수(?)는 폴 크루그먼의 단골 메뉴(?)다. 과거 동아시아 외환 위기를 예측한 것으로 평가받는 〈아시아 기적의 환상(The Myth of Asia's Miracle, Foreign Affairs)〉(1994)이라는 글에서도 동아시아 국가의 경제 성장은 "생산성 증가 없는 투입물 주도 성장" 방식으로 스탈린 시절의 소련과 같고, 소련의 성장이 지속되지 않았듯이 동아시아 성장도 지속 불가능하다고 주장했다. 그런데 그때 아시아 호랑이로 묘사됐던 4개국, 한국·대만·싱가포르·홍콩 중 생산성 증가율이 없었던 싱가포르 사례를 아시아 국가의 특성으로 일반화했다. 하지만 크루그먼이 인용한 자료에서 싱가포르를 제외한 아시아 국가의 생산성 증가율은 선진국의 생산성 증가율보다 낮지 않았다.

일본 경제에 대한 크루그먼의 잘못된 이해(?)는 "현재 일본 경제는 순탄한데 인플레율 2% 목표를 달성하지 못하는 것을 이해하기 어렵다"는 푸념(?)에서 그대로 드러난다. 크루그먼은 그 원인을 "완전 고용 상태지만 기업이 임금을 충분히 올리지 않으며 상품 가격을 올리고 싶어 하지 않는 게 문제"라고 지적한다. 그러나 상품 가격을 올릴 수 있는데 올리고 싶어 하지 않는 기업이 어디 있는가? 더 큰 오류는 일본 노동 시장이 완전 고용임에도 기업이 임금 인상 압력을 받지 않는 원인을 외면하고 있다는 데 있다. 일본의 제조업 생산량과 수출량이 증가하지 않는 상황에서 제조업 등 상대적으로 임금이 높은 부문의 임금이 증가할 수 없다. 그 대신 서비스업에서의 파트타임 일자리를 중심으로 노동력 수요의 증가가 일어났다.

이와 함께 노동 인구가 감소하는 현실이다. 이렇게 형성된 완전 고용이다 보니 일본 근로자 평균 임금이 장기간 하락 혹은 정체하는 사실이 간과되었다. 일본 경제에 대한 크루그먼의 인식은 격차 해소가 정치 문제라면서 저소득층 가계보다 기업 지원에 초점을 맞춘 아베노믹스에 후한 평가(?)를 주는 방향으로 흘렀다.

미국 경제학자들의 일본 경제에 대한 잘못된 평가는 크루그먼에서 그치지 않는다. 타일러 코웬은 "일본의 경우 어떤 일자리든 그리 나쁘지 않고, 매년 월급이 오르지 않아도 충분히 잘살고 있다"고 했다. 이 말은 그가 일본 경제를 제대로 알고 있는지조차

의심스럽게 한다. 지난 30년간 풀타임 일자리는 거의 증가하지 않고, 파트타임이나 비정규직 일자리 등만 증가했기 때문이다.

일본 경제에 대해 "새로운 산업 분야에서 싹을 틔울 아이디어와 산업 자체를 쇄신하지 못했다"거나 "교육 시스템이나 인프라, 사람들의 재능을 봐도 뭔가 결여되어 있다"고 지적한 토머스 프리드먼의 직관력이 크루그먼을 앞지른다. 제조업에 과잉 의존하는 일본 경제는 제조업 경쟁력 후퇴와 역할의 쇠퇴 속에 그 공백을 메울 산업 재편에 실패한 것이 핵심 문제이기 때문이다. 구체적으로는 1990년대 말부터 추진한 창조 산업 육성의 처참한 실패가 장기 불황 지속의 원인이다. 이를 해결하려면 리더십이 중요한데 문화적 폐쇄성으로 리더십 문제를 겪는 상황이다.

●

기술 혁신과 사회 혁신의 공진화가 필요하다

IT 혁명과 그 연장선에서 진행되는 4차 산업혁명은 격차의 확대와 일자리 문제를 적어도 단기적으로는 악화시킬 수밖에 없다. IT 혁명과 AI 기술의 발전으로 '일상적이고 반복적인 업무(Routine tasks)'가 자동화 기술(프로그램)로 대체되면서 중간 임금 일자리가 감소하는 '일자리 양극화', 시장 집중의 심화, 승자 독식 사회(Winner-take-all society)의 도래 등이 이뤄질 것이다.

현재 진행되는 기술 진보는 데이터 혁명과 함께 그에 따라 데이터가 새로운 핵심 자원으로 부상하는 데이터 경제를 불러오고 있다. IT 혁명이 만들어낸 닷컴 사업 모델에서 DT 혁명이 만들어낸 플랫폼 사업 모델로 진화한 결과물이다. 이런 점에서 "지금 세계가 가격 중심 시장에서 탈피해 '데이터 중심 시장'으로 이행하면서 금융 자본주의는 막을 내리고 데이터 자본주의가 도래하고 있다"는 빅토어 마이어 쇤베르거의 인식은 많은 이의 공감을 끌어낸다.

문제는 기술 혁신들(Technical innovations)과 가치 창출 방식의 변화 등이 만들어낸 데이터 경제가 성공적으로 뿌리내리기 위해서는 데이터 경제에 맞는 사회 혁신들(Social innovations)이 필요하다는 것이다.

⑴ 데이터 경제로의 이행 과정에서 야기되는 문제를 해결하고, 데이터 경제가 제대로 뿌리를 내리려면 비소모성을 갖기에 이론적으로도 모두가 공유하는 것이 경제 효율적이라는 점에서 데이터의 개방 및 데이터 접근성의 보장은 하나의 전제 조건이다. 즉 데이터가 중요한 의미이자 자원으로 부상했는데, 데이터의 독점은 왜곡된 선택이나 의사 결정으로 이어질 수 있고 데

이터의 접근성이 보장되지 않는 한 새로운 아이디어가 혁신으로 이어질 가능성도 낮기에 데이터의 개방이 필요하다. 데이터는 참여자가 제공한 것이라는 점에서 데이터 접근에 대한 권리는 산업 사회에서 노동권이 시민권이었듯이 4차 산업혁명 시대의 시민권으로 추가되어야 한다. 현실적으로도 부의 집중을 완화하고 부의 분산을 높이기 위해서는 수많은 스타트업에게 데이터 접근을 허용해주어야 한다. 이를 위해 쉔베르거는 방대한 데이터를 가진 독과점 업체들에 대한 '데이터 납세'를 제안한다.

(2) 데이터 경제가 안정적으로 뿌리를 내리는 데 필요한 또 다른 조건은 데이터 경제에서 중요한 역할을 하는 좋은 아이디어는 산업 사회에서처럼 노동 시간에 비례해 나오는 것이 아니므로 아이디어가 나올 때까지 좋아하는 일을 하기 위한 시간을 지원해주는 차원에서 기본 소득의 제공이 필요하다.

이런 점에서 하찮다고 생각하는 일을 계속하면서 풍요로운 삶을 살 수는 없고 기본적인 사회 보장을 보장받으면 하고 싶은 일에 집중할 수 있다는 뤼트허르 브레흐만의 주장은 특히 고소득 시대에 태어난 청년 세대들에게 공감을 얻을 수 있다. 즉 인간이 자유로운 시간이 늘어나면 TV만 보며 해이해질 거라는 우려는 현실에서 입증되지 않았다. 노동 시간이 짧은 나라일수록 자원봉사 활동 참여, 어린아이나 고령자 돌보기, 작곡 등 예술 분야 활약이 커진다는 점을 직시해야 한다. 이것은 생계를 위해 사회적으로 가치가 없는 일을 수행하는 삶의 방식에서 만들어진 편견에 불과하다. 실제로 빈곤은 학교 중퇴, 범죄 증가 등 사회적 비용을 유발한다는 점에서 빈곤의 방치는 경제적으로 비효율적이다. 기본 소득의 보장은 사회적 가치가 있는 활동의 증가로 이어진다는 점에서 효율적이다. 이런 주장은 경제학자들이 간과하는 부분이다.

이는 현재 자본주의가 가치 창출에 기여하지 않는 고임금 일자리, 무의미한 일자리(Bullshit jobs)를 증가시킨다는 데이비드 그레이버의 주장과도 맥을 같이한다. 문화인류학의 매력을 다시 한번 상기시킨 《부채 그 첫 5,000년》의 저자 그레이버는 불시트 잡스를 줄이고 가치가 있는 일자리를 늘리려면 남에게 도움이 되는 일자리의 임금을 인상하는 일이 가장 빠른 길이라고 말한다.

그런데 임금은 많은 경제학자가 믿고 있는 수요와 공급의 균형으로 결정되지 않고 '사회 계급에 의한 권력(Class Power)'에 의해 결정된다며 경제학자들의 논리적 허점을 날카롭게 지적한다. 그 연장선에서 일정한 생활을 보장하면서 사회에 공헌하도록 하는 방식을 위해 보편적 기본 소득을 도입하는 것이 필요하다고 주장한다.

이처럼 4차 산업혁명 시대에 경험하는 새로운 테크놀로지는 새로운 분배 시스템의 도입을 필요로 한다. 따라서 기본 소득보다 인권 개념의 사회 배당으로 접근하자는 브레흐만의 주장에 대한 공감대는 확산될 것이다.

(3) 데이터 경제로의 성공적 이행을 위해 교육 방식과 교육 내용의 혁명적 변화 또한 요구된다. 데이터 접근이 허용되어도 좋은 아이디어가 나오지 않으면 데이터는 그저 정제되지 않은 원유(Crude oil)에 불과할 뿐이다. 인터넷은 모든 사람에게 개방되었지만, 인터넷을 활용하는 역량 차이가 존재하듯이 데이터 자체가 가치나 일자리 등을 보장해주지 않는다. 데이터를 활용해 문제를 찾아내고 찾아낸 문제를 해결하기 위해 다른 사람들과 협력하는 역량이 필요하다. 이른바 창조성(Creativity), 비판적 사고(Critical thinking), 소통(Communication), 협력(Cooperation) 등 4C가 강조되는 배경이다.

브레흐만이 혁신을 창조하지 않는 실리콘밸리와 과거보다 창의성이 떨어지는 현재 아이들을 지적하며 교육과 놀이의 중요성 등을 강조하는 것도 같은 맥락으로 보인다. 일본이 창조 산업 육성에 처참히 실패한 이유도 제조업과 전혀 다른 성격의 창조 산업을 제조업 육성의 방식으로 접근한 데서 찾을 수 있다. 창조 산업 육성에 실패한 후 일본 사회에서 교육 혁명의 필요성이 제기

되었다.

일본의 창조 산업 육성 실패는 우리 사회에 시사하는 바가 크다. 현재 우리나라는 플랫폼 경제, 데이터 경제 활성화 등을 추진하고 있다. 문제는 플랫폼 경제나 데이터 경제에 필요한 기술 인프라, 하드웨어 인프라 등에 너무 치우쳐 있다는 점이다. 지식과 정보를 습득시키는 교육 방식이 AI 시대에 무의미한 지식과 정보에 치우쳐져 있다. 이것을 누가 빨리, 더 많이, 더 정확히 습득하는지를 경쟁시킬 뿐이다. 이런 교육 방식은 4C 역량과 무관할 뿐 아니라 오히려 역행한다.

이런 점에서 "젊은이들이 올바른 학습 도구나 규제, 정치 시스템을 통해 잠재 능력을 발휘할 수 있"게 해주는 나라가 가장 번영할 것이고, 한 사회의 가능성을 보려면 '인간을 주목'하라는 프리드먼의 지적에 우리가 모두 주목해야 할 것이다.

Epilogue
급변하는 세계 속에서

 최근 들어 '자본주의의 종언' '포스트 자본주의' 같은 말을 자주 듣는다. 자본주의는 근대에 만들어진 경제 시스템의 중심으로 모든 발전의 대전제다. 이러한 자본주의가 지금 비판받는 이유 중 하나는 선진국을 비롯해 세계적으로 경제 격차가 급속히 진행되고, 앞으로도 경제가 성장을 지속할지에 대한 의문이나 선진국의 채무 초과, 인구 감소 및 고령화, 기후 변동 등 기존 경제학으로는 해결하기 어려운 문제가 산재해 있기 때문이다. 무엇보다 테크놀로지의 지수 함수적인 발달은 경제 본연의 모습을 크게 바꾸었다. GAFA 같은 IT 거인들이 부의 대부분을 차지하는 현상도 이러한 변화의 한 부분이다.

 《거대한 분기점》에서는 세계적인 경제학자와 역사학자, 저널리스트들이 자본주의의 미래와 더 나은 사회 모습을 다양한 관점에서 전망한다. 테크놀로지가 자본주의를 위협하는 존재인가 아닌가, 우리의 일자리를 로봇이나 AI에 빼앗길 것인가. 물론 이에 대한 대답은 모두 다르다.

경제학자인 타일러 코웬은 AI의 도입은 새로운 부와 기회 창출로 이어지지만, 테크놀로지를 제대로 활용하며 일할 수 있는 사람은 전체의 10~15%밖에 되지 않을 거라고 전망했다. 따라서 자본가와 노동자 사이뿐 아니라 노동자와 노동자 사이에도 격차가 생긴다고 주장했다. AI 도입으로 인한 위험성은 기술 보유 여부에 따라 격차가 확대되는 것이라고 지적했다. 그의 말에 공감하는 사람이 많을 것이다.

폴 크루그먼은 테크놀로지가 자본주의를 위협한다는 강한 편견이 있다고 반론하며, 세계적으로 진행되는 경제 격차는 정책, 즉 정치가 해결해야 할 문제라고 주장했다. 그가 말하는 정책은 선분배와 재분배다. 2010년 무렵 크루그먼을 인터뷰했을 때 "지금 케인스 경제학을 다시 공부하고 있습니다. 격차를 완만하게 조정할 정책을 고민할 때는 케인스 경제학이 기본이지요"라고 했던 말이 새삼 기억난다.

프리드먼의 지적처럼 "세계는 점점 평평하고 빨라지고 스마트해진다"라는 사실을 부인하는 사람은 없을 것이다. 그가 제안한 것처럼 잠시 멈춰 서서 자신을 제대로 바라보는 시간도 중요하지 않을까. 빠름이라는 파도에 휩쓸려 균형을 잡지 못하면 정신을 차렸을 때 바위투성이의 해안에 내동댕이쳐진 채로 만신창이가 되어 있을지 모른다.

《거대한 분기점》은 월간지 〈보이스(Voice)〉(PHP연구소)와 웹 미디어 〈뉴스 픽스(NewsPicks)〉에 일부 게재한 인터뷰 시리즈의 완전판이다.

뤼트허르 브레흐만의 인터뷰 일부를 게재할 수 있었던 것은 〈뉴스 픽스〉의 담당 편집자 노무라 다카후미(野村高文)가 흔쾌히 승낙해준 덕분이다. 진심으로 감사의 말을 전하고 싶다.

인터뷰에 응해주고 다양한 지식과 시간을 아낌없이 나눠준 7명의 지식인에게도 마음에서 우러나는 감사의 인사를 전한다.

〈보이스〉의 편집장 나가타 다카유키(永田貴之), 편집자 나카니시 후미야(中西史也), 'PHP 신서' 편집부의 부편집장 오이와 히사(大岩央)는 인터뷰에 적합한 인물을 소개해주거나 내가 추천한 인물의 인터뷰를 기꺼이 승낙해주었다. 그뿐 아니라 철저한 현지 취재 인터뷰를 관철하는 나의 이기심을 들어주었고, 그 외의 모든 일에 여러모로 신세를 졌다. 다시 한번 이 자리를 빌려서 심심한 고마움을 전한다.

오노 가즈모토

원고 출처

폴 크루그먼, 《보이스》 2019년 2월호
토머스 프리드먼, 《보이스》 2019년 10월호
데이비드 그레이버, 《보이스》 2018년 12월호
토마스 세들라체크, 《보이스》 2018년 12월호
타일러 코웬, 《보이스》 2019년 2월호
뤼트허르 브레흐만, 《뉴스 픽스》 2017년 8월 7일, 8월 8일, 8월 11일
빅토어 마이어 숀베르거, 《보이스》 2019년 10월호

거대한 분기점

PAUL KRUGMAN
THOMAS FRIEDMAN
CHOI, PAE HUN
DAVID GRAEBER

TOMAS SEDLACEK
TYLER COWEN
RUTGER BREGMAN
VIKTOR MAYER
SCHONBERGER

옮긴이 **최예은**

일본 국립 나라여자대학교 대학원에서 노인복지와 사회복지정책(Ph.D)을 전공했다. 좋은 책을 함께 나누고 싶어 글밥아카데미를 수료한 후 전문 번역가로 활동 중이다. 옮긴 책으로는 《이제, 넥스트 가파》 《도쿄대 고령사회 교과서》 《논어와 주판》 등이 있다.

거대한 분기점

1판 1쇄 발행 2020년 6월 19일
1판 2쇄 발행 2020년 6월 26일

지은이 폴 크루그먼, 토마스 프리드먼, 최배근 외 5인
엮은이 오노 가즈모토
옮긴이 최예은
펴낸이 김기옥

경제경영팀장 모민원
기획 편집 변호이, 김광현
커뮤니케이션 플래너 박진모
경영지원 고광현, 임민진
제작 김형식

인쇄·제본 민언프린텍

펴낸곳 한스미디어(한즈미디어(주))
주소 121-839 서울특별시 마포구 양화로 11길 13(서교동, 강원빌딩 5층)
전화 02-707-0337 | **팩스** 02-707-0198 | **홈페이지** www.hansmedia.com
출판신고번호 제 313-2003-227호 | **신고일자** 2003년 6월 25일

ISBN 979-11-6007-501-4 03320

뤼트허르 브레흐만 Rutger Bregman

유럽에서 주목받고 있는 젊은 사상가로, 그의 저서 《진보의 역사》는 벨기에에서 2013년 최고의 논픽션 작품으로 표창을 받았다. 또 다른 저서 《리얼리스트를 위한 유토피아 플랜》은 출간이후 베스트셀러에 올랐고, 〈워싱턴 포스트〉 〈가디언〉 〈선데이 타임스〉 등에서 특집 기사로 다루기도 했다. 광고 수입에 의존하지 않는 선구적인 저널리스트 플랫폼 '드 코레스폰던트(De Correspondent)'의 창립 멤버다.

빅토어 마이어 쇤베르거 Viktor Mayer-Schönberger

하버드대학 케네디스쿨을 거쳐 옥스퍼드대학 교수로 재임 중이다. 빅데이터 연구 분야의 세계적인 권위자로 네트워크화 된 경제 체계의 정보 역할이 주요 연구 주제다. '잊혀질 권리(Right to be Forgotten)'를 주장해 세계적으로 알려졌다. 저서로는 《빅데이터가 만드는 세상》 《데이터 자본주의》 등이 있다. 2014년에 월드 테크놀로지 어워드 법률 부문을 수상했다.

최배근

건국대학교 경제학과 교수. 미국 조지아대학에서 경제학(미국경제사)을 전공하였다. 경제사학회 회장을 역임했고, 최근에는 더불어시민당을 창당(공동대표)하여 현실 정치에 참여하기도 하였다. 저서로는 《이게 경제다》 《위기의 경제학? 공동체 경제학!》, 《세계화, 무엇이 문제일까?》 등이 있다. 2009년부터 현재까지 매년 Who's Who in the World에 선정·수록되고 있고, 영국 케임브리지 국제인명센터(IBC)로부터 세계 100대 경제학자로 선정되기도 하였다.

엮은이
오노 가즈모토 大野和基

미국의 최신 사정에 정통한 전문가로, 국제 저널리스트로서 활동하며 국제 정세의 이면 및 경제, 의료 등 폭넓은 분야를 취재하며 집필 활동을 펼쳐오고 있다. 도쿄외국어대학교를 졸업한 뒤 코넬대학교에서 화학, 뉴욕의과대학교에서 기초 의학을 공부했다. 주요 편저서로 《초예측-세계 석학 8인에게 인류의 미래를 묻다》, 《영어의 품격》 등이 있다.

표지 공중정원: 박진범